Kräuterküche

Von Apfelminze bis Zitronenstrauch

Silvia Zeiler & Antonia Uricher

SCHNELL

Die Zutaten der Rezepte sind, wenn nicht anders angegeben, für 4 Personen berechnet.

Abkürzungen:

EL   Esslöffel

TL   Teelöffel

Msp   Messerspitze

Pck.   Packung / Päckchen

g   Gramm

kg   Kilogramm

l   Liter

evtl. eventuell

Inhalt

Rosmarin

Vorwort

Kochen mit Kräutern ist in - und hat ebenso eine lange Tradition. Schon früh wusste man die pflanzlichen Schätze der Natur zur Verfeinerung von Speisen in der Küche richtig einzusetzen. In den letzten Jahren sind vor allem aus Asien neue, sehr schmackhafte Sorten zu uns gekommen und bereichern heute das Angebot in der Kräuterküche.

Kräuter sind schmackhaft und gesund: Sie enthalten viele wertvolle Inhaltsstoffe und geben jedem Gericht die besondere Raffinesse.

Das vorliegende Buch möchte Ihnen die vielfältige Welt der Kräuter näherbringen und gibt zahlreiche Anregungen für die richtige Verwendung in der Küche.
Die Autorinnen sind beide „Gewächse" von der Insel Reichenau im Bodensee, wo schon im 9. Jahrhundert der Benediktiner-Mönch Walahfried Strabo in einem Gedicht die Pflanzen in seinem Kräutergarten besang.

Antonia Uricher entstammt einer Reichenauer Gärtnerfamilie und hat an der Universität Hohenheim Ernährungswissenschaften studiert. Sie ist als Ernährungsberaterin für eine Krankenkasse tätig und vermittelt in Kochkursen unter anderem den richtigen Einsatz von Kräutern in der Küche.

Die Pflanzen und vor allem die Kräuter haben es Silvia Zeiler angetan. Die Gärtnermeisterin arbeitet in der elterlichen Gärtnerei Böhler - Gemüse und Pflanzen auf der Insel Reichenau. Im Pflanzenverkauf, der dem Hofladen angegliedert ist, kümmert sie sich unter anderem um die Anzucht und den Verkauf von ca. 220 Kräuterarten und -sorten.
Kommen Sie mit auf Entdeckungstour in die Welt der Kräuter und lernen Sie Ihr ganz persönliches Lieblingskraut kennen und schätzen.

Suppen

Kräutercremesuppe

300 g mehlige Kartoffeln
1 Zwiebel
2 EL Butter
700 ml Gemüsebrühe
Je 1 Bund Petersilie, Kerbel, Basilikum
50 g Gartenkresse
200 ml Schlagsahne
200 ml Weißwein
Salz, Pfeffer, Muskat

Zwiebel und Kartoffeln schälen und würfeln.

2 EL Butter in einem Topf erhitzen, Kartoffeln und Zwiebel darin
glasig dünsten. Mit der Gemüsebrühe ablöschen.
Etwa 10 Minuten kochen.

In der Zwischenzeit die Blättchen von den Kräutern abzupfen
und grob hacken. Die Schlagsahne halbfest schlagen.

Weißwein zu den Kartoffeln geben und diese mit einem
Pürierstab fein pürieren. Kräuter zugeben und mitpürieren. Mit
Salz, Pfeffer und geriebener Muskatnuss würzen.

Zum Schluss die Schlagsahne unterheben und die Suppe mit
Kräutern garniert servieren.

Kartoffeleintopf mit Liebstöckel

500 g Kartoffeln
1 rote Paprika
200 g Karotten
150 g dicke Bohnen
300 g Kassler
2 EL Olivenöl
750 ml Gemüsebrühe
1 Bund Liebstöckel
100 g Saure Sahne
Salz, Pfeffer

Kartoffeln und Karotten schälen, Paprika vierteln und entkernen. Paprika und Kartoffeln würfeln, Karotten schräg in Scheiben schneiden. Dicke Bohnen mit heißem Wasser abspülen. Kassler würfeln.

Gemüse mit dem Kasseler im heißen Öl andünsten und mit Gemüsebrühe auffüllen. Zugedeckt etwas 10 bis 12 Minuten garen. Liebstöckelblätter abzupfen, fein hacken und die letzten 2 Minuten zur Suppe geben.

Zum Schluss die Saure Sahne unterrühren.

Mediterrane Zucchinisuppe mit Kräutern

400 g Zucchini
150 g Schalotten
2 Knoblauchzehen
30 g getrocknete Tomaten (ohne Öl)
1 kleine Chilischote
100 g Kirschtomaten
2 EL Olivenöl
1 EL Tomatenmark
30 g geriebener Parmesan
1 unbehandelte Zitrone
1 Liter Gemüsebrühe
1 Zweig Rosmarin
3 Stiele Liebstöckel
3 Stiele Petersilie
3 Stiele Dill
3 Stiele Kerbel

Schalotten, Knoblauch, Zucchini und getrocknete Tomaten fein würfeln. Öl in einem breiten Topf erhitzen. Zucchini darin scharf anbraten. Dann Knoblauch, Schalotten, getrocknete Tomaten, Tomatenmark und Rosmarin zugeben und 2-3 Minuten andünsten. 1 Stiel Liebstöckel und Chili zugeben, dann mit Gemüsebrühe aufgießen.

Bei geschlossenem Deckel für 20 Minuten bei schwacher Hitze köcheln lassen. Kirschtomaten halbieren und die letzten 3 Minuten mitgaren.

Restliche Kräuter fein hacken. Die Schale von einer halben Zitrone fein abreiben und mit Kräutern und Parmesan vermischen. Suppe mit Salz und Pfeffer abschmecken und mit der Kräutermischung servieren.

Pastinaken-Ingwer-Suppe mit Koriander

2 Karotten
2 Stängel Staudensellerie
1 Zwiebel
500 g Pastinaken
1 Stück Ingwer (ca. 2 cm)
1 Knoblauchzehe
1 EL Olivenöl
1,2 l Hühnerbrühe
4 Stängel Koriander
1 TL Curry
Salz, Pfeffer

Die Karotten schälen und in Scheiben schneiden. Selleriestauden ebenfalls in Scheiben schneiden. Zwiebel, Pastinaken und Ingwer schälen und grob würfeln. Knoblauch schälen und fein hacken.

Olivenöl in einem großen Topf erhitzen. Currypulver und alles zerkleinerte Gemüse zugeben und gut durchmischen. Etwa 10 Minuten dünsten bis das Gemüse gar aber noch etwas bissfest ist. Mit Hühnerbrühe aufgießen und zum Kochen bringen. Bei geschlossenem Deckel 10 Minuten köcheln lassen.

Koriander waschen, Blättchen abzupfen und grob hacken.

Suppe mit Salz und Pfeffer abschmecken. Mit einem Stabmixer fein pürieren.

Zum Servieren in Suppenschalen füllen und mit Koriander bestreuen.

Kräuterkaltschale

1 große Aubergine
2 Knoblauchzehen
Olivenöl
gemischte Kräuter (Petersilie, Basilikum, Minze, Dill,
Schnittlauch)
1-2 EL Zitronensaft
etwas abgeriebene Schale von 1 Bio-Zitrone
200g Sauerrahm
200g Ziegenjoghurt
500g Dickmilch
Salz, Pfeffer, Zucker

Die Aubergine waschen, putzen und 1 cm groß würfeln.

Knoblauch schälen und fein hacken. In einer beschichteten
Pfanne 2 ½ EL Öl erhitzen. Aubergine und die Hälfte des
Knoblauchs dazugeben und unter Rühren 5-7 Min. bei mittlerer
Hitze braten, Aubergine vom Herd nehmen.

Kräuter abbrausen, trocken schütteln und grobe Stängel
wegschneiden, ein paar Kräuter beiseitelegen, den Rest
grob schneiden.

Die Kräuter mit übrigem Knoblauch, 1 EL Zitronensaft, der
Zitronenschale und der Hälfte der Dickmilch mit einem
Stabmixer fein pürieren.

Übrige Dickmilch, Joghurt und Sauerrahm kurz untermixen. Mit
Salz, Pfeffer, Zucker und eventuell noch etwas Zitronensaft
würzen. Zugedeckt ca. 1 Std. im Kühlschrank kühlen lassen.

Übrige Kräuter fein hacken, mit den Auberginen mischen.
Kaltschale in Schälchen verteilen, Auberginen-Mix darauf
geben, mit restlichem Öl beträufeln.

Kürbiscremesuppe ‚Asia'

600 g Kürbisfleisch (ohne Schale und Kerne)
1 Zwiebel
2 Knoblauchzehen
2 cm Ingwer
2 EL Olivenöl
1 EL dunkles Sesamöl
2-3 rote Peperoni
2 EL Reiswein
1 EL Sojasoße
0,75 Liter Gemüse- oder Hühnerbrühe
Salz, Pfeffer, Zucker
1 Stängel Zitronengras
2-3 Kaffir-Limettenblätter
½ Bund Koriander

Kürbisfleisch würfeln. Zwiebel und Knoblauch fein hacken.
Ingwer fein reiben. Alles in Oliven- und Sesamöl andünsten.
Peperoni etwas anquetschen und Zitronengras längs halbieren.
Peperoni, Zitronengras und Limettenblätter dazugeben. Dann
Sojasoße, Reiswein und Brühe angießen. Mit Salz, Pfeffer und
einer Prise Zucker würzen.

Alles zugedeckt köcheln lassen bis der Kürbis weich ist. Die
Gewürze herausnehmen und die Suppe dann mit dem Stabmixer
fein pürieren.

Abschmecken und in Suppenschalen anrichten.
Mit feingeschnittenen Korianderblättchen garnieren.

Vorspeisen

Käse-Schnittlauch-Rolle

200 g Edamer in Scheiben
125 g weiche Butter
250 g Sahne-Schmelzkäse
3 hartgekochte Eier
2 Bund Schnittlauch
Pfeffer
200 g Schinken

Die Käsescheiben überlappend auf ein mit Backpapier ausgelegtes Backblech legen. Bei ca. 50-100 Grad im Backofen leicht anschmelzen lassen, eventuell leicht andrücken.

Eier in Würfel schneiden, Schnittlauch in feine Röllchen schneiden. Butter, Schmelzkäse, Eier und Schnittlauch vermengen und mit Pfeffer abschmecken. Die Masse gleichmäßig auf die abgekühlte Käseplatte streichen.

Schinken in Würfel schneiden und gleichmäßig auf der Masse verteilen.

Käseplatte eng von der langen Seite her aufrollen und in Frischhaltefolie wickeln. Über Nacht in den Kühlschrank stellen.

Käserolle in Scheiben schneiden und auf frisches Baguette legen. Mit Schnittlauchhalmen und halbierten Cocktailtomaten garnieren.

Zucchini-Käse-Küchlein

3 feste Zucchini
1 große Zwiebel
2 Knoblauchzehen
3 EL Mehl
3 Eier
200g Schafskäse
Je 1 Bund Petersilie, Dill, Minze
2 EL Olivenöl
Sonnenblumenöl
Chili, Salz, schwarzer Pfeffer

Zucchini in eine Schüssel reiben, mit Salz bestreuen und
5 Minuten ziehen lassen.

Wasser mit den Händen oder in einem Trockentuch aus den
Zucchini pressen. Zwiebel halbieren und in feine Streifen
schneiden, Knoblauch zerdrücken.

Etwas Öl in einer Pfanne erhitzen, Zucchini, mit Knoblauch und
Zwiebel andünsten bis sie etwas Farbe bekommen.
In der Pfanne beiseite stellen.

Kräuter grob hacken.

Mehl in eine Schüssel geben, Eier aufschlagen und dazugeben,
alles gut miteinander verquirlen. Die lauwarme
Zucchinimischung, Käse und gehackte Kräuter dazugeben.
Mit Salz, Pfeffer und Chilipulver würzen.

Öl in der Pfanne erhitzen. Mit einem Löffel etwas Teig
hineingeben und in 6-8 Minuten goldbraun braten.

Aus der Pfanne nehmen und auf Küchenkrepp abtropfen lassen.

Mit Minzblättchen garnieren.

17

Gefüllte Tomaten

8 große Tomaten
4 Scheiben Weißbrot
2 EL Olivenöl
1 Knoblauchzehe
2 Zwiebeln
1 Zweig Rosmarin
50 g geriebener Parmesan
Salz, Pfeffer
20 g Butter für die Form

Tomaten waschen und abtrocknen. Das obere Drittel als Deckel abschneiden und die Tomaten mit einem Teelöffel aushöhlen. Fruchtfleisch aufbewahren.

Weißbrotscheiben entrinden, sehr fein würfen und zum Tomatenfleisch geben. Die Tomaten-Brot-Mischung mit Olivenöl, fein gehackter Knoblauchzehe, feingewürfelter Zwiebel, fein-gehacktem Rosmarin, Parmesan, Salz und Pfeffer abschmecken. Mischung in die ausgehölten Tomaten füllen und die Deckelchen wieder aufsetzen.

Eine flache Form mit Butter ausstreichen, die Tomaten hineinsetzen und im vorgeheizten Backofen bei 225 Grad ca. 15 Minuten garen.

Dazu passt ein bunter Salat oder kurzgebratenes Fleisch.

Überbackene Austernpilze

12 Austernpilze
400 g festkochende Kartoffeln
100 g magerer roher Schinken
1 Bund Frühlingzwiebeln
1 Bund Majoran
4 EL Rapsöl
100 g geriebener Emmentaler

Austernpilze putzen, mit Küchenkrepp abreiben und die Stielenden abschneiden.

Kartoffeln waschen, schälen und in kleine Würfel schneiden. Kartoffelwürfel in einem Topf mit Salzwasser bedeckt zum Kochen bringen und 10 bis 15 Minuten garen. Kartoffeln in ein Sieb abgießen und abkühlen lassen.

Schinken in kleine Würfel schneiden. Frühlingszwiebeln putzen, waschen und in Ringe schneiden. Majoran abspülen, trockentupfen, die Blättchen von den Stängeln zupfen und fein hacken.

2 EL Rapsöl in einer Pfanne erhitzen und Kartoffel- und Schinkenwürfel darin andünsten. Frühlingszwiebeln zugeben und kurz andünsten. Majoran unterrühren und mit Salz und Pfeffer würzen. Masse in eine Schüssel umfüllen.

Restliches Rapsöl in der Pfanne erhitzen und Austernpilze darin anbraten. Pilze in eine flache Auflaufform legen und mit der Kartoffel-Schinken-Masse bedecken. Mit Käse bestreuen.

Im vorgeheizten Backofen bei 200 Grad etwa 10 Minuten überbacken.

Dazu passt ein frischer Salat.

Gurkenschiffchen mit Kräuterquark

2 Vespergurken
500g Magerquark
2 EL Saure Sahne
1 Zwiebel
1 rote Paprika
1 Kästchen Kresse
1 Bund Schnittlauch oder Schnittknoblauch
Worcestersoße
Zitronensaft
Salz, Pfeffer

Gurken waschen und längs halbieren. Mit einem Teelöffel die Kerne entfernen. Gurkenhälften mit Salz und Pfeffer würzen.

Quark mit Saurer Sahne verrühren. Die Zwiebel schälen und in feine Würfel schneiden. Paprika waschen, halbieren, Kerngehäuse entfernen und ebenfalls in feine Würfel schneiden.

Schnittlauch waschen und in feine Röllchen schneiden. Kresse vom Beet abschneiden, in einem Sieb waschen und etwas trocken tupfen. 2 EL Kresse beiseitelegen. Restliche Kresse fein hacken.

Schnittlauch, Kresse, Zwiebel- und Paprikawürfel unter den Quark rühren. Mit Salz, Pfeffer, etwas Zitronensaft und einem Spritzer Worcestersoße abschmecken.

Gurkenschiffchen vorsichtig mit dem Kräuterquark füllen und mit restlicher Kresse servieren.

Grüner Mozzarella

250 g Mini-Mozzarella
1 unbehandelte Zitrone
100 ml Olivenöl
1 EL Kürbiskernöl
½ Bund Petersilie
½ Bund Rucola
½ Bund Pimpinelle
Salz, Pfeffer

Mozzarella aus der Lake nehmen. Zitrone heiß abwaschen, die Schale abreiben, vom Rest den Saft auspressen.

Zitronensaft und Zitronenabrieb mit Olivenöl und etwa 100 ml Lake mischen.

Kräuter waschen, trockenschütteln und Blättchen abzupfen. Kräuter im Mixer fein hacken und zur Marinade geben. Mit Salz und Pfeffer abschmecken.

Mozzarella Kugeln in die Kräuter-Marinade legen, sodass sie bedeckt sind. Über Nacht ziehen lassen.

Dazu passt ein frischer Tomatensalat und Weißbrot.

Salate

Kichererbsensalat mit Minze

300 g Buschbohnen
240 g Kichererbsen (Dose)
1 rote Zwiebel
3 Tomaten
1 Bund Minze
20 g frischer Ingwer
1 Knoblauchzehe
2 EL schwarze Sesamsaat
3 EL Olivenöl
5 EL Zitronensaft
Salz, Pfeffer, Zucker

Bohnen putzen, waschen, halbieren und in kochendem Salzwasser ca. 10 Minuten kochen. In kaltem Wasser abschrecken und abtropfen lassen.

Ingwer schälen und in feine Streifen schneiden, Knoblauch fein hacken und in 1 EL Olivenöl farblos andünsten. Restliches Öl, Zitronensaft und Ingwer zugeben. Mit Salz, Pfeffer und einer Prise Zucker würzen. Kichererbsen in einem Sieb abspülen und gut abtropfen lassen. Mit der Marinade mischen und 1-2 Stunden ziehen lassen.

Zwiebel halbieren und in dünne Spalten schneiden. Tomaten halbieren und vierteln. Minzblätter abzupfen und grob hacken. Bohnen, Zwiebeln, Tomaten und Minze zu den Kichererbsen geben, unterheben und mit Sesam bestreut servieren.

Italienischer Nudelsalat

300 g kurze Makkaroni
200 g getrocknete Tomaten (in Öl)
6 EL Pinienkerne
2 Knoblauchzehen
500 g Tomaten
1 Bund Basilikum
3 EL Olivenöl
3 EL Basamico bianco
2 EL Wasser
Pfeffer, Salz, Zucker

Makkaroni nach Packungsanweisung kochen und abgießen.
Getrocknete Tomaten abtropfen lassen und klein schneiden.
Knoblauchzehen grob hacken. Die Pinienkerne ohne Fett
goldbraun anrösten.

3 EL der gerösteten Pinienkerne und die Hälfte der getrockneten
Tomaten und des Knoblauchs fein pürieren. Tomaten würfeln,
Basilikumblätter von den Stängeln zupfen.

Für das Dressing Olivenöl, Balsamico bianco, pürierte
Tomatenpaste, Wasser, Salz, Pfeffer, 1 Prise Zucker, restliche
getrocknete Tomaten und restlichen Knoblauch verrühren. Zum
Schluss Nudeln, Tomaten, Pinienkerne, Basilikum und Dressing
mischen.

Tipp: Wer möchte kann dem Salat noch kleine Mozzarellakugeln
oder -würfel zugeben.

Gartenkräutersalat mit fruchtigem Dressing

1 Bund Rauke
1 Bund glatte Petersilie
½ Bund Dill
6 Zweige Basilikum
1 kleiner Eichblattsalat
125 g Mozzarella
50 g Erdbeeren
50 g Himbeeren
150 g rote Johannisbeeren

3 EL Himbeeressig oder Obstessig
1 EL Honig
1 EL mittelscharfer Senf
5 EL Olivenöl
Salz, Pfeffer

Rauke, Eichblattsalat, Petersilie, Basilikum und Dill waschen.
Die Stiele entfernen und die Blätter in mundgerechte Stücke
zupfen und trockenschleudern.

Den Mozzarella in Stücke zupfen, mit Salz und Pfeffer würzen.

Für das Dressing 100 g Johannisbeeren putzen, waschen und von
den Rispen zupfen. Dann mit Essig, Honig, Senf und Olivenöl
pürieren. Dressing mit Salz und Pfeffer würzen und durch ein
feines Sieb streichen.

Salat auf einer Platte anrichten. Beeren putzen und waschen.
Mozzarella und Beeren auf dem Salat verteilen.
Alles mit dem Dressing benetzen.

Dazu passt frisches Weißbrot

Hähnchen-Salat mit Ananas und Petersilie

400 g Hähnchenbrustfilet
500 ml Gemüsebrühe
4 Karotten
1 Bund Frühlingszwiebeln
1 Ananas
4 EL Apfelessig
2 EL Salatcreme
4 EL Frischkäse
1 Bund glatte Petersilie
1 Zweig Liebstöckel
Salz, gemahlener Pfeffer

Hähnchenbrustfilets grob zerteilen und in der Brühe etwa
5 Minuten garen. Herausnehmen und abkühlen lassen.

Karotten waschen, klein würfeln und kurz in etwas Wasser
dünsten. Frühlingszwiebeln waschen, putzen und in Ringe
schneiden. Ananas längs halbieren, Hälften dritteln,
Fruchtfleisch aus der Schale trennen und den harten inneren
Strunke beseitigen. Fruchtfleisch in Scheiben schneiden.

Noch lauwarme Fleischstücke mundgerecht zerkleinern, mit
Lauchzwiebeln, Karotten und Ananas vermengen. Essig,
Salatcreme und Frischkäse zu einer Soße verrühren und unter
den Salat geben. Mit Salz und Pfeffer würzen. Kurz ziehen lassen.

Petersilie und Liebstöckel waschen, Blätter grob hacken und
unter den Salat geben.

Rucolasalat mit Erdnussvinaigrette

1 großer Bund Rucola
½ Salatgurke
3 Tomaten
Je ½ gelbe und rote Paprika
½ Peperoni
1 Knoblauchzehe
1 EL Erdnussbutter
3 EL Balsamico-Essig
2 EL Olivenöl
3 EL Apfelsaft
1 EL Honig
2 EL geröstete Erdnüsse
Zitronensaft
Salz, Pfeffer

Rucola waschen, trockentupfen und in der Mitte einer großen Platte anrichten.

Gurke so schälen, dass Streifen entstehen und in Scheiben schneiden. Tomaten waschen, abtrocknen und in Scheiben schneiden. Tomaten- und Gurkenscheiben rund um den Salat legen.

Paprika waschen, Kerne und weiße Trennwände entfernen. Das Fruchtfleisch in feine Würfel schneiden und über den Salat streuen.

Peperoni in feine Würfel schneiden, Knoblauch schälen und zerdrücken. Zusammen mit Erdnussbutter, Essig, Olivenöl und Apfelsaft mit einem Stabmixer zu einem glatten Dressing verarbeiten. Mit Salz, Pfeffer, Honig und Zitronensaft abschmecken.

Direkt vor dem Servieren den Salat mit der Vinaigrette beträufeln und mit gerösteten Erdnüssen bestreuen.

Saucen + Aufstriche

Kräuterbutter

125 g weiche Butter
6 Zweige Thymian
2 Stängel Estragon
Je ¼ Bund Petersilie, Schnittlauch, Basilikum
1 Knoblauchzehe
Abgeriebene Schale von ¼ Bio Zitrone
Worcestersoße
Salz, Pfeffer, Cayennpfeffer

Kräuter waschen und trocken tupfen. Blättchen von Thymian, Estragon, Petersilie und Basilikum fein hacken, den Schnittlauch in Röllchen schneiden.

Weiche Butter in eine Schüssel geben. Knoblauchzehe schälen und zur Butter pressen. Kräuter und Zitronenschale zur Butter geben. Mit Salz, Pfeffer, Cayennepfeffer und einem Schuss Worcestersoße würzen. Alles gut miteinander vermischen.

Butter auf Frischhaltefolie geben und einrollen. Rolle nochmals in Alufolie einrollen. Kalt stellen.

Alternativ kann die Butter auch in kleine Portionsschälchen gefüllt werden.

Selbstverständlich können für die Kräuterbutter auch weitere Kräuter wie zum Beispiel Dill, Kerbel, Kresse, Liebstöckel verwendet werden - ganz nach Geschmack und Angebot.

Blütenbutter

125 g Butter
30 g essbare Blüten (z. B. Kapuzinerkresse, Gänseblümchen,
Lavendel, Thymian, Basilikum)
1 TL Senf
½ Knoblauchzehe
Zitronensaft
Salz

Blüten vorsichtig waschen und trockentupfen. Einige Blüten
beiseite legen.

Alle Zutaten miteinander vermischen und pürieren. Zum Schluss
noch einige ganze Blüten unterrühren.

Basilikum

Estragon-Ziegenkäse

150 g Ziegenfrischkäse
½ kleine Birne
1 EL Pinienkerne
1 TL Zitronensaft
2 Stängel Estragon
½ TL rosa Pfeffer
Salz, Pfeffer

Die Pinienkerne in einer Pfanne ohne Fett rösten, bis sie leicht gebräunt sind.

Die Birne waschen, abtrocknen, vierteln und in sehr kleine Würfel schneiden. Birnenwürfel mit Zitronensaft mischen. Estragon waschen und trocknen, die Blättchen fein hacken. Rosa Pfeffer grob hacken. Mit Birne und Estragon unter den Ziegenkäse mischen, salzen und pfeffern. Zum Schluss die Pinienkerne unterheben.

Zucchini-Oliven-Creme

1 Zucchini (200 g)
1 Knoblauchzehe
1 EL Öl
10 grüne Oliven
20 g Walnusskerne
¼ Bund Zitronenthymian
1 EL Zitronensaft
Salz, Pfeffer, Cayennepfeffer

Zucchini waschen, putzen, auf einer Reibe grob raspeln und in ein feines Sieb geben. Den Knoblauch schälen und fein würfeln. Thymian waschen, trocknen und die Blättchen grob hacken.

Zucchiniraspel ausdrücken. Öl in einer Pfanne erhitzen und darin Zucchini, Knoblauch und die Hälfte des Thymians ca. 3 Minuten anbraten. Vom Herd nehmen und abkühlen lassen.

Oliven gegebenenfalls entsteinen und in grobe Stücke schneiden. Walnusskerne grob hacken. Oliven, Nüsse, abgekühlte Zucchinimasse, Zitronensaft und den restlichen Thymian mit dem Pürierstab pürieren.
Mit Salz, Pfeffer und Cayennepfeffer würzen.

Kresse-Eier-Häckerle

3 hartgekochte Eier
100 g Gemüsemais (Dose)
1 Schalotte
50 g Salatmayonnaise
100 g fettarmer Joghurt
1 TL Senf
1 Kästchen Kresse
1/2 Bund Schnittlauch
Salz, Pfeffer

Eier pellen und in feine Würfel schneiden. Mais in einem Sieb abtropfen lassen. Mayonnaise mit Joghurt, Senf, Salz und Pfeffer verrühren.

Schalotte schälen und in kleine Würfel schneiden. Schalottenwürfel, Mais und gehackte Eier unter die Joghurtmischung rühren.

Kresse abspülen, trocken tupfen und abschneiden. Schnittlauch waschen und in feine Röllchen schneiden. Beides unterrühren und den Aufstrich mit Salz und frisch gemahlenem Pfeffer abschmecken.

Sauerampfer-Basilikum-Dip

100 g Sauerampfer
eine kleine Handvoll Basilikum
100 g griechischer Joghurt, 10%
2 Knoblauchzehen
2 EL Olivenöl
1/2 TL grober Dijonsenf
Salz, Pfeffer

Für die Sauce alle Zutaten in einen Mixer geben, nach
Geschmack würzen und gut durchmixen.
In eine Schüssel geben und im Kühlschrank kalt stellen

Dieser Dip passt auch gut zu den Zucchini-Käse-Küchlein oder
einfach zu Rohkost.

Basilikum

Haltbares + Eingelegtes

Süß-sauer marinierte Karotten

400 g junge Karotten
Je 3 Zweige Rosmarin und Thymian
100 ml trockener Weißwein
100 ml Essig
1 Knoblauchzehe
1 TL Zucker
3 EL Olivenöl
Salz, Pfeffer

Karotten schälen und schräg in etwa 2 cm breite Scheiben schneiden. Kräuter waschen. Karotten, Wein, Essig und 100 ml Wasser in einen Topf geben und erhitzen.

Knoblauchzehe schälen, halbieren und zusammen mit Zucker und Olivenöl zu den Karotten geben. Zugedeckt ca. 10 - 15 Minuten garen. Mit Salz und Pfeffer würzen.

Karotten in ein Gefäß füllen, im Kühlschrank 2 Tage zugedeckt durchziehen lassen.

Gänseblümchen-Kapern

2 Hände Gänseblümchen-Knospen
4 kleine Zwiebeln
6 Knoblauchzehen
½ TL Salz
1 Prise Zucker
¼ Liter Weißwein
6 EL Essig
2 EL Öl

Zwiebeln grob hacken und in Öl andünsten. Kräuterknospen,
Flüssigkeit und Gewürze zugeben und etwa 5 Minuten
köcheln lassen.

Twist-off-Gläser und Deckel auskochen. Kapern noch heiß in die
Gläser geben und fest verschließen.

Statt Gänseblümchen-Knospen eignen sich auch Bärlauch- oder
Löwenzahn-Knospen hervorragend für diese Kapern.

Dillgurken

10 Einlegegurken
1 Bund frischer Dill mit Blüten
75 g grobes Meersalz
1 TL Dillsamen
125 ml Weißweinessig
1 TL schwarze Pfefferkörner
1 EL Einmachgewürz

Gurken waschen und mit dem Dill in zwei sterilisierte 1-Liter-
Einmachgläser verteilen.

1,2 Liter Wasser mit Salz, Dillsamen, Essig, Pfefferkörnern und
Einmachgewürz in einem Topf aufsetzen und
3 Minuten aufkochen.
Abkühlen lassen und über die Gurken gießen.
Falls Flüssigkeit übrig bleibt, die Gewürze herausnehmen und zu
den Gurken geben.

Gläser gut verschließen und bis zum Verzehr 3 Wochen an einem
kühlen, dunklen Ort durchziehen lassen. Nach dem Öffnen im
Kühlschrank aufbewahren.

Kräuteressig

Etwa 500 ml Weißweinessig
Kräuter ganz nach Geschmack
Zum Beispiel: 1 Zweig Thymian, 1 Zweig Ysop, 1 Zweig Estragon
Kapuzinerkresseblüten

Kräuterzweige und -blüten abspülen, abtropfen lassen und in
eine vorbereitete saubere Flasche geben. Mit Essig auffüllen.
Flasche gut verschließen und etwa 14 Tage an einem dunklen,
kühlen Ort stehen lassen.

Ein toller Blickfang sind auch kleine rote Peperonischoten, die
mit in die Flasche gegeben werden.

Kräuteröl

500 ml Olivenöl
Kräuter ganz nach Geschmack
Zum Beispiel: 1 Zweig Liebstöckel, 1 Zweig Salbei, 1 Zweig Majoran

Kräuter abspülen, trockentupfen und 1-2 Tage zum
Trocknen aufhängen.
Kräuter dann in ein Glasgefäß geben, mit Olivenöl auffüllen
und das Gefäß fest verschließen. Etwa 14 Tage ziehen lassen. Die
Kräuter entfernen und das Öl durch ein feines Mulltuch filtern.
In dekorative Flaschen abfüllen.

Das Öl ist, kühl und dunkel aufbewahrt, etwa 6 Wochen haltbar.

Kräutersalz

100 g Salz
20 g verschiedene Kräuter
Zum Beispiel: Bärlauch, Rosmarin, Thymian, Petersilie,
Liebstöckel

Kräuter waschen, mit einem Tuch trocknen und klein schneiden.
Mit dem Salz mischen und trocknen lassen. Danach mit dem
Mixer oder Zauberstab klein hacken.

In kleine Gläschen abgefüllt ist dieses selbstgemachte Kräutersalz
auch ein tolles Mitbringsel.

Kräuterzucker

3-4 Zweige Zitronenstrauch
3 Vanilleschoten
250 g Zucker

Zitronenstrauch waschen, trockenschütteln und die Blättchen
abzupfen. Mark aus den Vanilleschoten auskratzen.

Zucker in einen Mixer geben. Kräuter sowie Vanillemark
zufügen. Alles bei hoher Drehzahl zermahlen.

In luftdicht verschließbare Behälter abfüllen.

Eignet sich zum Süßen von Kräutertees oder zum Würzen von
frischen Erdbeeren.

Suppen-Grundstock

2 Karotten
½ Knollensellerie
1 Stange Lauch
3 Knoblauchzehen
1 großer Bund Liebstöckel (Maggikraut)
1 Bund Selleriegrün
1 Bund Petersilie
5 EL Salz
100 ml Rapsöl

Karotten, Sellerie, Lauch und Knoblauch waschen, schälen und fein würfeln. Zusammen mit 1 EL Salz und 2-3 EL Öl mit einem Mixer oder Pürierstab zerkleinern. Masse in eine Schüssel geben.

Kräuter waschen, abtropfen lassen und grob hacken. Kräuter ebenfalls mit 1 EL Salz und 2-3 EL Öl auf mixen

Zum Schluss beide Pasten gemeinsam mit restlichem Salz und restlichem Öl mixen. Die Masse muss richtig salzig schmecken.

Paste in Schraubdeckelgläser abfüllen mit einer Schicht Öl bedecken.

Diese Suppenwürze eignet sich als Basiswürze von Suppen und Saucen.

„Kräuterklassiker"

Gründonnerstagsuppe

500 g Kartoffeln
1 Zwiebel
2 Knoblauchzehen
Ca. 500 ml Gemüsebrühe
150 ml Weißwein
Zitronensaft von ½ Zitrone
1 EL Schmelzflocken
100 g Crème fraîche
250 g grüne Kräuter
Reichlich: Brennesseltriebe, Bärlauch, Spitzwegerich
Etwas weniger: Löwenzahn, Sauerampfer, Petersilie, Schnittlauch
Noch weniger: Brunnenkresse, 1 Stängel Gundermann
Salz, Pfeffer, Muskatnuss
Zur Garnitur: essbare Blüten

Kartoffeln waschen, schälen und in Stücke schneiden. Zwiebeln
und Knoblauch fein hacken und gemeinsam mit den Kartoffeln
in Gemüsebrühe gar kochen.

Kräuter waschen, abtropfen und in Streifen schneiden. In die
nicht mehr kochende Suppe geben und 5-10 Minuten
ziehen lassen.
Weißwein, Zitronensaft und Schmelzflocken zugeben. Die Suppe
mit einem Mixstab fein pürieren.

Mit Salz, Pfeffer und Muskatnuss abschmecken.

Fertige Suppe mit einem Klecks Crème fraîche und essbaren
Blüten garnieren.

Frankfurter Grüne Sauce

300 g gemischte Kräuter (Borretsch, Kerbel, Kresse, Petersilie,
Pimpinelle, Sauerampfer, Schnittlauch)
5 hartgekochte Eier
1 TL Senf
3 EL Öl
1 EL Essig
350 ml Dickmilch
350 ml Saure Sahne
Salz, Pfeffer, Zucker

Dickmilch und Sauerrahm in eine große Salatschüssel geben und
vorsichtig vermengen. Pfeffer, Salz, Zucker, Senf, Öl und Essig
unterrühren.
Die Kräuter kurz in kaltem Wasser waschen. Abtropfen lassen
und trockentupfen. Anschließend fein hacken.

Die geschnittenen Kräuter unter die Dickmilch-Saure Sahne-
Mischung rühren.
Hartgekochte Eier schälen und mit einem Eierschneider würfeln
und zur Soße geben.

Damit sich der Kräutergeschmack vor dem Verzehren richtig
entfalten kann, sollte die Grüne Soße einige Stunden
kühl durchziehen.

Als Beilage werden frisch gekochte Salzkartoffeln gereicht.

Gremolata

1 Bund glatte Petersilie
2 EL Olivenöl
2 Knoblauchzehen
1 unbehandelte Zitrone

Petersilie waschen, trockenschütteln und fein hacken. Knoblauch ebenfalls fein hacken.

Zitrone heiß waschen und Schale mit einem Zestenreißer entfernen. Alternativ kann die Schale auch fein abgeschnitten und gehackt werden oder abgerieben werden.

Petersilie, Knoblauch, Zitronenschale mit dem Olivenöl mischen.

Im Kühlschrank ist die Gremolata einige Tage haltbar, wenn sie in ein Gefäß abgefüllt und mit Olivenöl bedeckt wird.

Diese klassische italienische Würzpaste wird zu gegrilltem Fisch oder Ossobuco gereicht. Gibt aber auch Antipasti oder Gemüsesuppen ‚das gewisse Etwas‘.

Noch fruchtiger wird die Gremolata, wenn statt Zitronenzesten Orangenzesten verwendet werden.

Saltimbocca

4 Kalbsschnitzel à ca. 120 g
4 Scheiben Parmaschinken
2 EL ÖL
20 g eiskalte Butter
125 ml Weißwein
8 große Salbeiblätter
Salz, Pfeffer
4 Zahnstocher

Kalbsschnitzel nebeneinander legen, von beiden Seiten mit Salz und Pfeffer würzen.

Auf jedem Schnitzel 2 Salbeiblätter und eine Scheibe Parmaschinken mit einem Zahnstocher feststecken.

Öl in einer Pfanne erhitzen und die Schnitzel von jeder Seite 2-3 Minuten braten. Schnitzel aus der Pfanne nehmen und im vorgeheizten Backofen bei 80 Grad warmstellen.

Bratensatz mit Weißwein ablöschen und aufkochen lassen. Zum Schluss 20 g eiskalte Butter einrühren und die Soße über die Schnitzel geben

Salbei

Tabouleh

100 g Bulgur oder Couscous
1 Bund Petersilie
1 Bund Minze
100 ml Olivenöl
3 Fleischtomaten
1 unbehandelte Zitrone
1 rote Zwiebel
Salz, Pfeffer
Salatblätter und schwarze Oliven zum Anrichten

Couscous oder Bulgur nach Packungsanweisung kochen.

Die Fleischtomaten von beiden Seiten kreuzweise einschneiden
und mit heißem Wasser überbrühen. Haut abziehen, Tomaten
halbieren, Kerngehäuse entfernen und Tomaten fein würfeln.

Petersilie und Minze waschen, trockenschütteln und hacken.
Zitrone heiß waschen, Schale abreiben und Rest auspressen.

Die Zwiebel schälen und fein würfeln, zusammen mit den
Tomaten, gehackten Kräutern, Zitronenschale, -saft und
Olivenöl zum Couscous geben.
Alles gut vermengen und mit Salz abschmecken.

Das Tabouleh zugedeckt einige Zeit vor dem Servieren im
Kühlschrank durchziehen lassen.

Nach Belieben auf Salatblättern angerichtet und mit schwarzen
Oliven garniert servieren.

Pesto alla Genovese

30 g Pinienkerne
2 Bund Basilikum
2 Knoblauchzehen
40 g Parmesan
100 ml Olivenöl
Salz, Pfeffer
Zitronensaft

Pinienkerne in einer Pfanne ohne Fett goldbraunrösten.
Blättchen von 2 Bund Basilikum abzupfen und grobhacken.
1-2 Knoblauchzehen ebenfalls grob hacken.

Parmesan reiben, zusammen mit Pinienkernen, Basilikum,
Knoblauch und 100 ml Olivenöl in einem Rührbecher mit dem
Schneidstab fein pürieren. Mit Salz, Pfeffer und etwas
Zitronensaft abschmecken.

Nach diesem Rezept lassen sich auch Kräuterpestos mit
Rucola oder Petersilie herstellen.

Zitronenstrauch

Kräuter der Provence

Thymian
Bohnenkraut
Rosmarin
Salbei
Lavendelblüten
Lorbeerblätter

Frische Kräuter am unteren Ende zu jeweils einem Sträußchen binden und an einem trockenen, vor Licht geschützten Ort aufhängen.

Sind die Kräuter trocken können bei Bedarf die Blätter abgerebelt und in folgendem Verhältnis vermengt werden:

2 EL Thymian
1 EL Bohnenkraut
½ EL Rosmarin
½ EL Salbei
1 Prise Lavendelblüten
Etwas zerbröselter Lorbeer

Die ätherischen Öle von getrockneten Kräutern verflüchtigen sich schnell, deshalb sollte die Mischung besser in kleineren Portionen frisch zusammengestellt werden.

Diese Kräutermischung passt vorzüglich zu allen Arten von Gegrilltem oder Schmorgerichten.

Mojo verde

½ Bund glatte Petersilie
1 Bund Koriander
2 Knoblauchzehen
6 EL Olivenöl
1 EL Sherryessig
1 Messerspitze Kreuzkümmel
Salz, Pfeffer

Kräuter waschen, trocken schütteln, Blättchen von den Stielen zupfen und grob hacken. Knoblauch schälen und in feine Scheiben schneiden. Kräuter, Knoblauch, Kreuzkümmel, Essig und Öl verrühren. Mit Salz und Pfeffer kräftig abschmecken.

Diese Kräutersauce von den kanarischen Inseln wird klassisch gemeinsam mit Runzel-Kartoffeln (Papas arrugadas) serviert. Dazu 250 g Salz in ca. 1 Liter Wasser auflösen. 600 g Kartoffeln gründlich waschen und im Salzwasser so lange kochen, bis das Wasser komplett verdunstet ist. So entsteht die typische Salzkruste und runzelige Haut der Kartoffeln

Petersilie

Nudeln und Kartoffeln

Ricotta-Gnocchi mit Salbeibutter

250 g Ricotta
1 Eigelb
1/2 TL Salz
30 g frisch geriebener Parmesan
50-75 g Mehl
Mehl zum Bestäuben der Arbeitsfläche

60 g Butter
4 Zweige Salbei

Flüssigkeit, die auf dem Ricotta steht abgießen und den Ricotta in eine Schüssel geben. Eigelb, Salz, Parmesan und Mehl dazugeben und alles miteinander vermischen.

Gnocchimasse auf die gut bemehlte Arbeitsfläche geben und mit ebenso gut bemehlten Händen vorsichtig zu Rollen mit einem Durchmesser von ca. 2 cm formen.
Die Rolle in ca. 1,5 cm große Stücke schneiden.

Wasser in einem Topf zum Kochen bringen, reichlich salzen. Temperatur reduzieren, das Wasser sollte nur noch leicht simmern. Die Gnocchi hineingeben und ca. 4 Minuten ziehen lassen, bis sie oben schwimmen.

Mit einer Schaumkelle herausnehmen und abtropfen lassen.

Salbei waschen, trocken tupfen und in Streifen schneiden. Butter in einer Pfanne zerlassen und Salbeistreifen darin andünsten. Abgetropfte Gnocchi zur Butter geben und kurz durchschwenken.

Alternativ können die Gnocchi auch mit einer fruchtigen Tomatensauce oder Pesto serviert werden.

Bärlauchspätzle

2 Bund Bärlauch
600 Gramm Mehl
6 Eier
Ca. 300 ml Wasser
1 Prise Salz
Salzwasser zum Kochen

Bärlauch waschen und grob hacken. Eier in eine Schüssel aufschlagen, gehackten Bärlauch dazugeben und mit dem Stabmixer pürieren.

Mehl in eine große Schüssel geben. In der Mitte ein Loch freischieben und Bärlauch-Ei-Mischung hineingeben.
½ TL Salz dazugeben.

Alles mit einem großen Kochlöffel vermengen. Den Teig so lange rühren bis er völlig glatt ist (natürlich kann hier auch das Handrührgerät verwendet werden.) Je nach Mehl und Größe der Eier lauwarmes Wasser zugeben.

Teig etwa eine halbe Stunde ruhen lassen.

Einen großen Topf mit Wasser füllen, großzügig salzen und zum Kochen bringen. Den Teig mit einer Spätzlepresse ins kochende Wasser drücken. Die Spätzle sind gar, wenn sie an die Oberfläche steigen.

Fertige Spätzle mit einem Sieblöffel herausnehmen und auf vorgewärmte Teller geben.

Dazu passt ein frischer Salat oder Karottengemüse. Oder Sie verarbeiten die Bärlauchspätzle durch Zugabe von geriebenem Bergkäse zu Bärlauch-Kässpätzle.

Kartoffelauflauf mit Oregano

800 g festkochende Kartoffeln
200 g Schlagsahne
200g Milch
6 Eier
100 g geriebener Käse
1 Bund Oregano
2 Knoblauchzehen
Salz, Pfeffer, Muskatnuss

Backofen bei Ober-/Unterhitze auf 200 Grad vorheizen.

Kartoffeln waschen, schälen, abspülen, abtropfen lassen und in sehr dünne Scheiben schneiden oder hobeln.

Oregano waschen und trocken tupfen. Blättchen von den Stängeln zupfen und klein schneiden. Knoblauch fein hacken.

Sahne, Milch und Eier verquirlen, mit Salz, gemahlenem Pfeffer, Muskatnuss und Knoblauch würzen.

Kartoffelscheiben in eine Auflaufform schichten. Zwischen die einzelnen Schichten jeweils gehackten Oregano streuen. Die Eier-Sahne-Milch-Mischung darauf verteilen bis alle Kartoffelscheiben bedeckt sind.

Auflaufform in den vorgeheizten Backofen stellen. Nach 45 Minuten mit Käse bestreuen und nochmals 15 Minuten fertig garen.

Vor dem Aufschneiden etwa 5 Minuten abkühlen lassen.

Blühende Oregano-Zweige eignen sich toll zum Garnieren.

Pilz Spaghetti mit Minze

400 g Vollkorn Spaghetti
500 g Champignons
2 rote Zwiebeln
3 EL Olivenöl
2 Knoblauchzehen
1 Zitrone
4 EL Pinienkerne
4 EL geriebener Parmesan
1 Bund Minze
Salz, Pfeffer

Champignons putzen und klein schneiden. Nudeln bissfest kochen. Zwiebeln in Streifen schneiden und in heißem Öl anschwitzen. Pilze zugeben, kurz mit dünsten. Knoblauch und die Hälfte der Minze fein hacken. Zu den Pilzen geben und bei milder Hitze einige Minuten garen.

Mit Salz, Pfeffer und Saft einer Zitrone abschmecken.

Nudeln in ein Sieb gießen und abtropfen lassen. Mit dem Pilzragout mischen. Mit Minzeblättchen, Pinienkernen und Parmesan servieren.

Tagliatelle mit Thymian-Zwiebelsauce

700 g Zwiebeln
400 g Tagliatelle
½ Bund Thymian
100 ml Weißwein
2 EL Butterschmalz
2 EL Olivenöl
100 g Parmesan
Salz, Pfeffer

Die Zwiebeln schälen und in dünne Scheiben hobeln. Butterschmalz und Olivenöl in einer großen Pfanne erhitzen, die Zwiebeln und die Thymianzweige dazugeben und etwas salzen.

Mit geschlossenem Deckel auf niedrigster Stufe eine knappe Stunde dünsten lassen, bis die Zwiebeln ganz weich geworden sind. Sie sollen aber nicht bräunen.

Den Deckel entfernen, die Temperatur auf mittlere Stufe erhöhen und solange unter gelegentlichem Rühren weiterdünsten, bis die Zwiebeln goldbraun geworden sind. Mit dem Weißwein ablöschen und diesen bei hoher Temperatur und häufigem Rühren verkochen lassen, dann mit Pfeffer und evtl. noch etwas Salz abschmecken.

Zusammen mit frisch geriebenem Parmesan unter die noch tropfnasse Pasta heben und sofort servieren.

Asiatische Kräuternudeln

250 g chinesische Weizennudeln (Mie-Nudeln)
250 g Shiitake Pilze
1 rote Paprika
100 g Zuckerschoten
1 Stück Ingwer (2 cm)
1 Knoblauchzehe
2 EL Sesamöl
2 EL Erdnussöl
4 EL Sojasauce
Salz, Pfeffer
½ Bund Schnittknoblauch
½ Bund Thai-Basilikum

Nudeln in Salzwasser garen, in ein Sieb gießen und abtropfen
lassen. Die noch heißen Nudeln mit dem Sesamöl mischen.

Pilze putzen, Stiele entfernen und Hüte vierteln. Paprika
waschen und in feine Streifen schneiden. Zuckerschoten waschen
beide Enden abschneiden und in feine Streifen schneiden.
Ingwer und Knoblauch schälen und fein würfeln. Kräuter
waschen, trocken schütteln und grob hacken.

2 EL Erdnussöl im Wok oder einer großen Pfanne erhitzen. Erst
Ingwer und Knoblauch kurz dünsten, dann Pilze, Paprika und
Zuckerschoten dazugeben. Alles bei mittlerer Hitze 3 Minuten
unter Rühren braten. Dann Nudeln dazugeben und 4-5 Minuten
mit braten. Mit Sojasauce, Salz und Pfeffer würzen. Direkt vor
dem Servieren die Kräuter untermischen.

Lorbeer-Kartoffeln

600 g kleine Kartoffeln
8 Lorbeerblätter
1 TL Kümmel
1 TL grobes Meersalz
3 EL Olivenöl
Pfeffer

Den Ofen auf ca. 180°C vorheizen. Die Kartoffeln waschen und eventuell schälen. Die Kartoffeln halbieren und mit der Schnittseite nach oben in eine kleine Auflaufform geben.

Die Lorbeerblätter in je vier Stücke brechen. Die Kartoffeln an der Oberseite ca. 1/2 cm tief einritzen und jeweils ein Stück des Lorbeerblattes in die Kartoffeln stecken.

Olivenöl, Salz, Kümmel und Pfeffer auf den Kartoffeln verteilen und bei 180 - 200 Grad auf der mittleren Schiene ca. 45 min. garen.

Gerichte mit Gemüse

Geschmorte Gurken mit Borretsch

2 kg Salatgurken
Zitronensaft
2 EL Öl
4 EL saure Sahne
1 Eigelb
1 EL Speisestärke
150 ml Gemüsebrühe
3 Zweige frischer Borretsch
Salz, Pfeffer, Zucker

Gurken waschen, schälen und der Länge nach aufschneiden.
Kerngehäuse entfernen, das Gurkenfleisch in 2 cm breite Stücke
schneiden und mit Zitronensaft beträufeln.

Öl in einem Topf erhitzen und Gurkenstücke darin einige
Minuten andünsten. Mit ca. 150 ml heißer Gemüsebrühe
aufgießen und 10-15 Minuten garen lassen.

Saure Sahne, Speisestärke und Eigelb verrühren. Zum
Gurkengemüse geben - nicht mehr kochen lassen. Mit Salz,
Pfeffer, eventuell Zucker und etwas Zitronensaft abschmecken.

Borretsch waschen und kurz vor dem Servieren unterrühren.

Spargel mit Kräuterbröseln

1 kg Spargel (grün oder weiß)
100 g Paniermehl
3 EL gemahlene Mandeln
40 g Butter
Zitronensaft
1 Bund Petersilie
1 Bund Kerbel
Salz, Pfeffer, Muskatnuss

Spargel schälen und die holzigen Enden abschneiden (grüner Spargel muss nicht geschält werden). Spargel in einen länglichen Topf legen, mit heißem Wasser aufgießen bis der Spargel zur Hälfte bedeckt ist. Mit je einer Prise Salz und Pfeffer würzen. Den Spargel zugedeckt zum Kochen bringen und ca. 10-15 Minuten (je nach Dicke der Stangen) garen.

In der Zwischenzeit Butter in einer Pfanne erhitzen, Paniermehl und Mandeln darin leicht anrösten. Mit 1 EL Zitronensaft, Salz, Pfeffer und Muskatnuss würzen.

Petersilie und Kerbel waschen und fein hacken. Gehackte Kräuter unter das Paniermehl mischen.

Abgetropften Spargel auf einer vorgewärmten Platte anrichten und das Paniermehl darüber verteilen.

Bohnen-Schafskäse-Strudel

750 g Buschbohnen
1 Bund Bohnenkraut
Ca. 500 g Tomaten
1 Knoblauchzehe
5 El Olivenöl
125 g Strudelteig aus dem Kühlregal
150 g Sauerrahm
400 g Schafskäse

Bohnen waschen, putzen und der Länge nach halbieren. In kochendem Wasser ca. 2 Minuten blanchieren. In kaltem Wasser abschrecken und abtropfen lassen. Bohnenkraut abspülen und trocken schütteln. Die Blättchen von den Stängeln zupfen.

Tomaten waschen, vierteln, entkernen und in Würfel schneiden.

Knoblauch schälen und fein würfeln. Mit Salz, Pfeffer und Olivenöl verrühren.

Backofen bei Ober-/Unterhitze auf 180 Grad vorheizen
(Heißluft: 160 Grad)

Strudelblätter überlappend auf einem Geschirrtuch auslegen, mit Sauerrahm bestreichen und mit Bohnenkrautblättern bestreuen. Schafskäse zerbröseln, mit den Bohnen und Tomatenwürfeln auf den Strudelblättern verteilen. Mit vorbereitetem Knoblauchöl beträufeln.

Strudel mithilfe des Geschirrtuchs aufrollen und auf ein mit Backpapier belegtes Backblech legen. Strudel mit Olivenöl bestreichen. Strudel ca. 30 Minuten im vorgeheizten Backofen backen.

Zum Strudel passt ein frischer Salat oder eine fruchtige Tomatensauce.

Auberginenschnitzel mit Sesamdip

2 Auberginen (600 g)
250 g Vollmilch-Joghurt
3 EL Tahin (Sesampaste)
1 Knoblauchzehe
1 TL Zitronensaft
1 rote Zwiebel
2 Mini-Römersalate
1 EL Balsamicoessig
4 EL Olivenöl
3 Stiele Salbei
100 g Mehl
1 TL Sesam
Salz, Pfeffer, Zucker

Auberginen putzen, waschen und in ca. 1 cm dicke Scheiben schneiden. Mit Salz bestreuen und ziehen lassen. Knoblauch schälen, fein hacken und mit Joghurt und Tahin verrühren. Mit Salz und Zitronensaft würzen.

Zwiebel schälen und in dünne Ringe schneiden. Salat putzen, waschen, trocken schleudern und in mundgerechte Stücke zupfen. Aus Essig, Salz, Pfeffer, 1 Prise Zucker und Öl ein Salatdressing mischen. Mit Zwiebel und Salat mischen.

Salbei waschen und Blättchen abzupfen. Vorsichtig trocken tupfen. Mehl auf einen Teller geben. Sesam in einer großen Pfanne leicht anrösten und herausnehmen. 3 EL Olivenöl in einer Pfanne erhitzen. Auberginenscheiben nacheinander in Mehl wenden und portionsweise im heißen Öl von jeder Seite 2-3 Minuten goldbraun braten. Salbei kurz mit braten und beides auf Küchenpapier abtropfen lassen.

Dip mit Sesam bestreuen. Mit Auberginenscheiben und Salat anrichten.

Gemüsegulasch mit Zitronensahne

1 Bund Frühlingszwiebeln
250 g weiße Champignons
250 g Brokkoli
250 g Zuckerschoten
250 g Karotten
1 rote Paprika
2 EL Olivenöl
150 ml Gemüsebrühe
200 ml Schlagsahne
Je ½ Bund Zitronenthymian und Zitronenmelisse
Salz, Pfeffer, Muskatnuss

Frühlingszwiebeln waschen, putzen und in etwa 4 cm lange
Stücke schneiden. Champignons mit Küchenkrepp abreiben und
halbieren. Brokkoli waschen und Röschen abschneiden.
Brokkolistrunk schälen und in Stifte schneiden. Von den
Kaiserschoten die Enden abschneiden, Schoten waschen und
abtropfen lassen. Karotten waschen, schälen und in Stifte
schneiden.
Paprika waschen, Kerngehäuse und weiße Trennwände
entfernen, vierteln und in Streifen schneiden.
Karottenstifte und Brokkoliröschen in kochendem Salzwasser
etwa 5 Minuten garen, in ein Sieb abgießen und mit
kaltem Wasser abkühlen.

Olivenöl in einem großen Topf erhitzen und vorbereitetes Gemüse
darin andünsten. Gemüsebrühe und Sahne dazugeben, mit Salz
und Pfeffer würzen. Zum Kochen bringen und 10 - 15 Minuten
bei schwacher Hitze garen.

Zitronenmelisse und Zitronenthymian abspülen, trocken tupfen
und die Blättchen von den Stängeln zupfen. Blättchen fein
hacken und unter den Gemüsegulasch rühren. Mit Salz, Pfeffer
und Muskatnuss abschmecken.

Rosenkohl mit Gorgonzola-Kräutersauce

800 g Rosenkohl
2 Zwiebeln
20 g Butter
80 ml Gemüsebrühe
50 g Gorgonzola
80 g Mascarpone
3 EL Milch
1/2 Bund Petersilie
1/2 Bund Dill
Salz, Pfeffer

Rosenkohl waschen, putzen, den Strunk kreuzweise einschneiden.
Zwiebeln schälen und fein hacken.

Butter in einem Topf zerlassen, die Zwiebelwürfel darin
anschwitzen, dann den Rosenkohl zugeben und unter Wenden
anbraten, etwas salzen.

Mit Gemüsebrühe ablöschen, Deckel aufsetzen und in 10 Minuten
bei mittlerer Hitze bissfest garen.

Den Gorgonzola zusammen mit Mascarpone und Milch mit dem
Pürierstab mischen, zum Rosenkohl geben und nochmals kurz
aufkochen lassen, gut umrühren.

Die Kräuter waschen, trockenschütteln und hacken. Unter den
Rosenkohl unterheben, mit Salz und Pfeffer abschmecken.

Gerichte mit Fisch

Lachsforelle mit Kräuterkruste

2 Lachsforellenfilets, küchenfertig
2 EL Zitronensaft
50 ml trockener Weißwein
Salz, Pfeffer
1 Bund Petersilie
1 Bund Dill
2 Knoblauchzehen
2 TL grobkörniger Senf
1 EL Honig
3 EL Öl

Lachsforellenfilets waschen, mit Küchenkrepp trocken tupfen und
mit dem Zitronensaft beträufeln.

Anschließend salzen und pfeffern.

Backofen auf 200 Grad vorheizen.

Kräuter waschen und fein hacken. Knoblauch schälen und fein
hacken. Kräuter, Knoblauch, Senf, Honig und Öl zu einer
Paste verarbeiten.

Die Kräuterpaste gleichmäßig auf den Lachsforellenfilets
verteilen. Filets in eine eingefettete Auflaufform legen.
Mit Wein angießen.

Fisch im vorgeheizten Backofen bei 200 Grad
15-20 Minuten garen.

Forellenfilets mit Salbei

4 Forellenfilets
1 Bund Salbei
2 Knoblauchzehen
1 Zitrone
20 g Butter
1 EL Olivenöl
4 EL Mandelstifte
Salz, Pfeffer

Forellenfilets auf letzte Gräten überprüfen und diese gegebenenfalls mit einer Pinzette entfernen. Salbei waschen und Blättchen von den Stielen zupfen. Knoblauch in feine Scheiben schneiden.

Zitrone längs halbieren. Eine Hälfte auspressen, die andere Hälfte in Spalten schneiden.

Forellenfilets mit Salz und Pfeffer würzen. Butter und Olivenöl in einer beschichteten Pfanne erhitzen. Die Filets darin 3 Minuten braten. Salbei, Knoblauch, Zitronenscheiben und Mandeln zugeben. Weitere 3 Minuten braten.

Forellenfilets mit etwas Zitronensaft beträufeln und sofort servieren.

Dazu passen Salzkartoffeln mit Petersilie

Mediterrane Fischpäckchen

4 Meerwolffilets
200 g Kirschtomaten
100 g Champignons
1 kleine Zucchini
250 g kleine Kartoffeln
2 EL Olivenöl
120 ml Weißwein
Je 4 Thymian- und Rosmarinzweige
Salz und Pfeffer
4 Quadrate aus Backpapier

Kartoffeln garen, ungeschält halbieren
Kirschtomaten waschen und halbieren. Champignons putzen
und halbieren. Zucchini waschen und in Würfel schneiden.
Knoblauchzehen in Scheiben schneiden.
Gemüse, Kartoffeln und Knoblauch mit Olivenöl mischen.
Mit Salz und Pfeffer würzen.

Ein Viertel des Gemüses in die Mitte eines Backpapier-Quadrates
legen, 1 Meerwolffilet darauflegen. Auf den Fisch jeweils einen
Thymian- und Rosmarinzweig legen und mit
ca. 30 ml Weißwein angießen.

Backpapier diagonal zusammenklappen und vom Rand her
fortlaufend einknicken, sodass zum Schluss ein Päckchen
entsteht.
Mit restlichen Gemüse und Fisch genauso verfahren.

Die Päckchen im vorgeheizten Backofen bei 200 Grad auf ein
Backblech legen und 15 - 20 Minuten garen - die Papierhülle
sollte sich dabei aufblasen.

Päckchen auf Teller legen und erst bei Tisch in der Mitte
aufschneiden.

Zanderfilet mit Sauerampfersoße

4 Zanderfilets
3 EL Butter
1 Schalotte
1 EL Mehl
¼ Liter Weißwein (trocken)
¼ Liter Sahne
1 unbehandelte Zitrone
1 Bund Sauerampfer
Salz, Pfeffer

Die Fischfilets salzen und pfeffern. 2 EL Butter in einer Pfanne
erhitzen und die Zanderfilets drei Minuten auf jeder Seite
braten. Herausnehmen und warm stellen.

Sauerampfer abspülen und trockenschütteln. Die Schalotte
schälen, in Würfel schneiden und in einem Topf mit 1 EL Butter
andünsten, mit Mehl bestäuben. Mit Wein und Sahne ablöschen
und gut verrühren. Zitrone abspülen und abtrocknen. Etwas
Schale abreiben und den Saft auspressen. Zitronensaft und etwas
abgeriebene Zitronenschale in die Soße geben. Alles etwas
einkochen und mit Pfeffer und Salz abschmecken. Mit dem
Handmixer schaumig schlagen. Sauerampfer fein hacken und
unter die Soße heben. Fischfilets anrichten und mit
der Soße übergießen.

Dazu passen Salzkartoffeln.

Gekräuterter Viktoriabarsch

600 g Victoriabarschfilet
250 g Kirschtomaten
2 EL Zitronensaft
2 EL Rapsöl
75 ml Gemüsebrühe oder Fischfond
2 Knoblauchzehen
30 g Butter
1 Bund Kerbel
1 Bund Petersilie
1 Bund Dill
Worcestersoße
Salz, Pfeffer

Fischfilets unter fließendem kalten Wasser abspülen, trocken tupfen und in Würfel schneiden. Mit Salz, Pfeffer, Worcestersoße und Zitronensaft würzen.

Kerbel, Petersilie und Dill waschen, trockentupfen und fein hacken. Knoblauch schälen und fein hacken. Kirschtomaten waschen, abtrocknen und den grünen Strunk herausschneiden.

Rapsöl in einer beschichteten Pfanne erhitzen. Fischwürfel portionsweise von allen Seiten kross anbraten und in einen Bräter legen.

Kirschtomaten dazugeben. Kräuter und gehackter Knoblauch darauf verteilen und mit Brühe oder Fischfond begießen. Butter in kleinen Stückchen dazugeben.

Backofen auf 180 Grad vorheizen und Bräter hineinschieben. Etwa 20 Minuten garen.

Dazu passt frisches Weißbrot.

Matjes-Dill-Topf

6 Matjesfilets
1 rote Zwiebel
2 Äpfel
4 Gewürzgurken
125 ml Schlagsahne
200 g Schmand
Zitronensaft
1 Bund Dill
Salz, Pfeffer

Matjesfilets mit kaltem Wasser abbrausen und trocken tupfen. Auf eventuell noch vorhandene Gräten überprüfen und diese mit einer Pinzette entfernen. Die Filets in mundgerechte Stücke schneiden.

Zwiebel schälen und in feine Ringe hobeln. Äpfel waschen, schälen, vierteln, entkernen und in kleine Scheiben schneiden. Gewürzgurken in Scheiben schneiden. Dill waschen, trocken tupfen und grob hacken. Einige Zweige beiseite legen.

Sahne steif schlagen und unter den Schmand rühren. Vorsichtig Matjesstückchen, Zwiebelringe, Dill, Apfel- und Gewürzgurkenscheiben unterheben.

Mit Zitronensaft, Salz und Pfeffer abschmecken. Etwa 1 Stunde kühl stellen.

Zum Schluss mit restlichen Dillzweigen garnieren.

Klassisch wird dieser Matjes-Dill-Topf mit Pellkartoffeln und grünen Bohnen serviert.

Gerichte mit Fleisch

Kräuterfilet

1 Stück Rinderfilet (ca. 600 g)
2 Stiele Thymian
2 Stiele Salbei
2 Zweige Rosmarin
1 frischer mittelgroßer Lorbeerzweig
2 Knoblauchzehen
Meersalz, Pfeffer
2 EL Öl

Salbei, Thymian und Rosmarin fein hacken und auf ein Stück
Backpapier streuen. Mit Meersalz und grob gemahlenem
Pfeffer bestreuen.

Rinderfilet auf den Kräutern hin- und herrollen, bis das Fleisch
komplett mit Kräutern eingehüllt ist.

Öl in einer Pfanne erhitzen und das Fleisch darin von allen
Seiten anbraten. Dann das Fleisch zusammen mit dem
Lorbeerzweig und den Knoblauchzehen in einen Bräter geben.

Für 25 bis 30 Minuten in den vorgeheizten
Ofen (160 Grad) geben.
Vor dem Aufschneiden 5 Minuten in Alufolie gewickelt
ruhen lassen.

Hackbraten mit Gurkensalat

500 g Hackfleisch, gemischt
50 g Weißbrot vom Vortag
2 Zwiebeln
150 g Senfgurken
1 Bund glatte Petersilie
1 Ei
20 g Butter
4 EL Öl
20 g getrocknete Steinpilze
1 TL Senf, mittelscharf
1 TL Paprikapulver, edelsüß
1 TL getrockneter Estragon

100 ml Schlagsahne
4 EL Essig
2 Schalotten
1 Salatgurke (ca. 500 g)
1 TL Zucker
Salz, Pfeffer
1 Bund Dill

Steinpilze in etwas Wasser einweichen. Brot in lauwarmem
Wasser einweichen. Zwiebeln fein würfeln und Petersilie fein
hacken. Senfgurken abtropfen lasen und würfeln. Die
eingeweichten Steinpilze gut ausdrücken und fein schneiden.

2 EL Öl und Butter in einer Pfanne erhitzen. Zwiebeln darin
glasig dünsten. Steinpilze zugeben, kurz mit dünsten. Petersilie
und Estragon untermischen und die Masse abkühlen lassen.
Brot gut ausdrücken

Hackfleisch mit Zwiebel-Kräutermischung, Senfgurken, Brot und
Ei mischen. Pikant mit Salz, Pfeffer, Paprikapulver und Senf
abschmecken. Zu einem länglichen Laib formen.

2 EL Öl auf einem Backblech verteilen. Backofen bei 180 Grad auf der untersten Schiene vorheizen. Hackbraten vorsichtig auf das heiße Backblech legen und für etwa 45 Minuten garen.

In der Zwischenzeit Gurke in der Mitte halbieren und Kerngehäuse entfernen. Gurke in Scheiben schneiden, in einem Sieb mit Salz mischen und 30 Minuten ziehen lassen. Schalotten fein würfeln.
Schalotten, Essig, Sahne, Salz, Zucker und Pfeffer zum Dressing für den Gurkensalat vermengen. Gurken gut abtropfen lassen und mit dem Dressing vermischen. Zum Schluss feingehackten Dill dazugeben.

Den fertigen Hackbraten in Scheiben schneiden und mit dem Gurkensalat servieren

Dill

Steaks mit Majoransoße

4 Minutensteaks vom Rind (à 60 g)
3 rote Zwiebeln
2 EL Butterschmalz
100 ml Rotwein, trocken
200 ml Fleischbrühe
1 TL Speisestärke
6 Stiele Majoran
1 EL Schnittlauchröllchen
Salz, Pfeffer, Paprikapulver

Zwiebeln in dünne Ringe schneiden und in einem Topf mit
1 EL Butterschmalz glasig braten. Rotwein zufügen und bei
starker Hitze auf die Hälfte einkochen. Fleischbrühe zugeben
und aufkochen.

Speisestärke mit etwas kaltem Wasser glattrühren und in die
Zwiebelsoße einrühren. Soße aufkochen, mit Salz und Pfeffer
würzen. Majoranblättchen fein hacken und etwa die Hälfte in
die Soße rühren.
Minutensteaks trockentupfen, von beiden Seiten mit Salz, Pfeffer
und Paprikapulver würzen. 1 EL Butterschmalz erhitzen, Steaks
darin auf jeder Seite 1 Minute braten.

Steaks mit der Soße, restlichem Majoran und
Schnittlauchröllchen servieren.

Thaicurry mit Kaffir-Limettenblättern und Thai-Basilikum

4 Hähnchenbrustfilets (à 120 g)
2 Karotten
1 Süßkartoffel
1 rote Paprika
1 Zucchini
100 g Zuckerschoten
1 Stängel Zitronengras
2 frische rote Chilischoten
5 Kaffir-Limettenblätter
500 ml Kokosmilch
500 ml Hühnerbrühe (alternativ Gemüsebühe)
2 EL Öl (Maiskeimöl)
2 EL rote Currypaste
4 EL Fischsauce
1 Bund Thai-Basilikum

Hähnchenbrustfilets unter kaltem Wasser abspülen und mit
Küchenkrepp trocken tupfen. Entgegen der Faser
in Streifen schneiden.

Karotten und Süßkartoffel putzen, schälen und in kleine Würfel
schneiden. Paprika und Zucchini waschen und in Würfel
schneiden. Zuckerschoten waschen, putzen und halbieren.

Öl in einem Topf erhitzen und Currypaste darin kurz andünsten.
Fleischstreifen hinzugeben und kurz anbraten. Vorbereitete
Gemüse- und Süßkartoffelwürfel dazugeben und mit dünsten.

Zitronengras mit einer schweren Pfanne plattieren. Kokosmilch
mit Brühe, Zitronengras und Kaffir-Limettenblättern zur Fleisch-
Gemüse-Masse in den Topf geben und zum Kochen bringen.

Chilischoten waschen, in feine Ringe schneiden und ebenfalls hinzufügen. Mit Fischsauce würzen.

Thaicurry bei schwacher Hitze etwa 20 Minuten köcheln lassen.

Thai-Basilikum abspülen und Blättchen von den Stängeln zupfen. Basilikumblättchen 3 Minuten vor Ende der Garzeit zum Thaicurry geben.

Mit Salz und Fischsoße abschmecken.

Zusammen mit Reis in großen Suppentellern servieren.

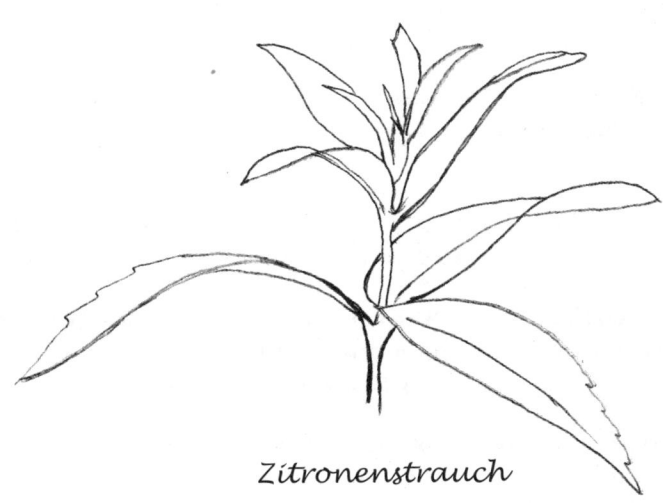

Zitronenstrauch

Rumhuhn mit Currykraut

4 Hühnerbrustfilets (à ca. 150 g)
1 unbehandelte Limette
3 EL Rum
3 EL Sojasauce
3 TL brauner Zucker
2 EL Olivenöl
3 Zweige Currykraut
Salz, Pfeffer

Hühnerbrustfilets unter fließendem Wasser abspülen und mit Küchenkrepp trockentupfen.

Currykraut abwaschen, trocken schütteln, Nadeln von den Stängeln zupfen und grob hacken.

Limette heiß waschen und die Schale abreiben. Anschließend halbieren und den Saft auspressen.

Rum mit Sojasauce, Zucker, Zitronenschale, Zitronensaft und Currykraut verrühren. Mit Salz und Pfeffer würzen. Zum Schluss Olivenöl unterrühren.

Hühnerbrustfilets in einen großen Gefrierbeutel legen, die Marinade dazugeben und gut einkneten.
Mindestens 1 Stunde kalt stellen.

Backofen auf 100 Grad vorheizen. Hühnerbrustfilets aus der Marinade nehmen und abtropfen lassen. Olivenöl in einer Pfanne erhitzen. Die Hühnerbrustfilets von beiden Seiten hellbraun anbraten. Dann für etwa 30 Minuten in den vorgeheizten Ofen geben. Immer wieder mit der restlichen Marinade bestreichen.
Zusammen mit einem fruchtigen Mango-Chutney und Reis oder einem frischen Salat servieren.

Gans mit Apfelfüllung

1 küchenfertige Gans
4 kleine Äpfel, z.B. Boskop
1 Bund Suppengrün
5 Stängel Beifuß
5 Stängel Majoran
½ Liter Rotwein
2-3 EL Speisestärke
Pfeffer, Salz
Kleine Holzspieße
Küchengarn

Gans waschen und trocken tupfen. Innen und außen großzügig
mit Salz und Pfeffer einreiben.

Backofen auf 200 Grad vorheizen.

Äpfel waschen, die Kerngehäuse ausstechen und die Früchte mit
je 1-2 Stängeln Beifuß und Majoran füllen. Äpfel in die
Bauchöffnung der Gans stecken. Die Öffnung mit Küchengarn
und Holzspießen verschließen.

Die Gans in einen Bräter legen und mit 500 ml heißem Rotwein
überbrühen. Zugedeckt im Backofen bei 180 Grad
1 ½ Stunden garen.

Die Gans herausnehmen und den Sud durch ein Sieb gießen.
Suppengrün waschen, putzen, grob zerteilen und in der
Fettpfanne des Backofens verteilen. Die Gans darauf legen.

Den Backofen auf 160 Grad zurückschalten und die Gans weitere
2 Stunden braten. Den Sud vorsichtig in einen Topf abgießen
und dabei das Fett zurücklassen Die Gans während des Bratens
regelmäßig mit dem Bratensaft begießen.

Backofen auf 250 Grad aufheizen. Die Gans in 15 bis 20 Minuten knusprig braten. Gans aus dem Ofen nehmen und den Bratensatz in der Fettpfanne mit etwas Wasser loskochen. Durch ein Sieb in den Topf mit restlichem Bratensaft gießen und aufkochen.

Speisestärke mit 3 EL Wasser anrühren und zur Sauce geben. Zum Andicken nochmals aufkochen lassen.
Mit Salz und Pfeffer würzen.

Die Gans tranchieren und mit der Sauce servieren.

Als Beilage passen Rotkraut und Kartoffel- oder Semmelknödel.

Petersilie

Schweinemedaillons mit Kräuterkruste

1 Schweinefilet, ca. 600 g
1 EL Butterschmalz
½ Bund Thymian
2 Zweige Rosmarin
1 Bund glatte Petersilie
½ Bund Majoran
3 Scheiben Weißbrot
2 Knoblauchzehen
50 g Parmesan
30 ml Olivenöl
Salz, Pfeffer

Schweinefilet in etwa 3 cm breite Medaillons schneiden.
Mit Pfeffer und Salz würzen.

Backofen auf 150 Grad vorheizen.

Kräuter waschen, trockenschütteln, Blättchen von den Stielen
zupfen und hacken.
Weißbrot entrinden und würfeln. Knoblauch schälen und
hacken. Parmesan reiben. Kräuter, Weißbrot, Knoblauch,
Parmesan und Olivenöl im Mixer zu einer Paste verrühren. Mit
Salz und Pfeffer würzen.

Butterschmalz in einer Pfanne erhitzen und Schweine-
Medaillons kurz von beiden Seiten scharf anbraten.

Filets in eine ofenfeste Form legen und mit der
Kräuterpaste bestreichen.
Für etwa 10 Minuten in den vorgeheizten Backofen geben. Zum
Schluss Grillfunktion des Backofens anschalten, damit die Kruste
etwas Farbe bekommt.

Dazu passt Kartoffelgratin und fruchtiges Paprikagemüse.

Gebäck

Partybrötchen

500 g Mehl
3 TL Salz
4 EL Olivenöl
2/3 Würfel Hefe oder 1 Päckchen Trockenhefe
Ca. 250 ml lauwarmes Wasser
10 schwarze Oliven
5 getrocknete Tomaten
1 Zweig Rosmarin

Mehl mit Salz und Öl in eine Schüssel geben. Die Hefe mit dem
lauwarmen Wasser verrühren und dazugeben. Alles zu einem
glatten Teig verkneten und den Teig zugedeckt
1 Stunde gehen lassen.

Oliven entsteinen und klein schneiden. Tomaten klein würfeln,
Rosmarin fein hacken.

Rosmarin, Tomaten und Oliven gut unter den Teig kneten. Mit
leicht angefeuchteten Händen ca. kleine 20 Brötchen formen.

Brötchen auf ein bemehltes Backblech setzen und zugedeckt
nochmals 30 Minuten gehen lassen.

In der Zwischenzeit den Backofen auf 200 Grad vorheizen.
Brötchen oben einschneiden und im vorgeheizten Backofen
etwa 10 - 12 Minuten backen.

Kräuter-Focaccia

500 g Dinkel- oder Weizenmehl
400 ml lauwarmes Wasser
½ Würfel Hefe
2 TL Salz
½ TL Zucker

3 EL Olivenöl
2 Zweige Rosmarin
1 TL grobes Meersalz

Für den Teig lauwarmes Wasser mit Hefe, Salz und Zucker verrühren. Mehl einrühren und den Teig mit den Knethaken des Handrührgerätes so lange verkneten, bis er geschmeidig ist und sich von der Schüssel löst. Den Teig 20 - 30 Minuten gehen lassen.

Backofen auf 250 Grad vorheizen.

Ein Backblech mit Öl bestreichen und mit etwas Mehl bestäuben.

Rosmarin waschen, trockenschütteln und die Nadeln abstreifen.

Den Teig kurz zusammenkneten und mit nassen Händen zu einer gleichmäßigen Fläche ausdrücken. Teig mehrmals mit einer Gabel einstechen und mit 3 EL Olivenöle bestreichen.

Rosmarin auf den Fladen streuen und leicht eindrücken. Zum Schluss das Salz darüber streuen und nochmals 20 Minuten gehen lassen.

Den gegangen Fladen im vorgeheizten Backofen etwa 15 Minuten backen. Dann Backofen auf 200 Grad zurückschalten und weitere 10 Minuten backen, bis die Oberfläche schön knusprig ist.

Noch lauwarmes Focaccia in Streifen schneiden und servieren.

Ricotta-Kräuter-Tarte

250 g Mehl
125 g kleingeschnittene weiche Butter
1 Eigelb
50 ml Wasser
1 Zwiebel, fein gewürfelt
2 Knoblauchzehen
Olivenöl
1 kleines Bund frischer Majoran
einige Zweige Zitronenthymian
500 g Ricotta
4 Eier
Salz, Pfeffer
Piment d'Espelette

Für den Teig Mehl, Butter, Eigelb und Wasser miteinander
vermengen und zu einem Teig verkneten. Den Teig zu einer
Kugel formen und mindestens 2 Stunden im Kühlschrank ruhen
lassen. Ca. 15 Minuten vor dem Ausrollen aus dem Kühlschrank
nehmen, auf einer bemehlten Arbeitsfläche ausrollen und eine
hohe Quicheform damit auslegen.

In regelmäßigen Abständen mit einer Gabel einstechen und
erneut für 30 Minuten in den Kühlschrank stellen.

Den Teig aus dem Kühlschrank nehmen, mit Backpapier
abdecken und getrocknete Bohnen oder andere Hülsenfrüchte
darauf geben. 10 Minuten bei 180°C im Ofen blindbacken.
Bohnen und Papier entfernen und weitere 5 Minuten backen.

Die Zwiebel würfeln in etwas Olivenöl glasig anschwitzen, die
Knoblauchzehen ebenfalls würfeln und dazugeben. In der
Zwischenzeit die Kräuter fein hacken. Sobald die Zwiebelwürfel
glasig sind, von der Platte ziehen und die Kräuter unterrühren.

Den Ricotta in eine Schüssel geben. Ein Ei trennen, das Eigelb, sowie die anderen 3 Eier zum Ricotta geben, das Eiweiß mit einer Prise Salz steif schlagen.

Den Ricotta und die Eier mit einem Mixer vermixen, die Zwiebelwürfel dazugeben, großzügig mit Salz, Pfeffer und Piment d'Espelette würzen und alles verrühren.

Behutsam das steif geschlagene Eiweiß unterheben und die Masse auf den Tarteboden geben.

Im auf 180°C vorgeheizten Backofen ca. 30 Minuten backen, bis die Masse durchgehend gestockt und die Tarte goldbraun ist.

Am Besten etwas abkühlen lassen und lauwarm mit einem knackigen Salat servieren

Thymian

Käse-Schnittlauch Brot

450 g Mehl Typ 1050
100 g Vollkornmehl
15 g frische Hefe
1 TL Zucker
300 ml lauwarmes Wasser
50 g Butter
250 g geriebener Käse
1 Ei
2 Bund Schnittlauch

Hefe und Zucker in eine Tasse geben und in wenig Wasser
auflösen. An einen warmen Ort stellen, bis die Flüssigkeit
Blasen wirft.

Mehl und Salz in eine große Schüssel geben. In die Mitte eine
Vertiefung machen und Hefemischung hineingießen. Teig von
der Mitte aus unter Zugabe von lauwarmen Wasser zu einem
glatten Teig verkneten.

Teig zu einer Kugel formen, mit Mehl bestäuben und an einem
warmen Ort 1 ½ bis 2 Stunden gehen lassen.

Teig vorsichtig durchkneten und rechteckig ausrollen Mit Käse
und Schnittlauch bestreuen, dabei einen Rand von ca. 2,5 cm
frei lassen. Von der schalen Seite her aufrollen.

Teig in eine Brotform (900g) geben. Mit einem Messer oben
anritzen. Brot an einem warmen Ort ca. 30 Minuten
gehen lassen.

Backofen auf 200 Grad vorheizen. Brot mit aufgeschlagenem Ei
einpinseln und 35-40 Minuten backen.

Schmeckt am besten lauwarm.

Lavendelplätzchen

150 g Butter
1-2 Eier
170 g Mehl
115 g Zucker
1 TL Backpulver
1 EL frische oder getrocknete Lavendelblüten

Butter und Zucker schaumig rühren, Eier dazugeben.
Lavendelblüten und Mehl unterheben.

Zwei Backbleche mit Backpapier auslegen und den Teig löffel-
weise darauf geben. Im Ofen bei 180 Grad / Stufe 4
ca. 15-20 Minuten goldbraun backen.

Mit frischen Lavendelblüten garnieren.

Lavendel

Rosmarin-Mandelkekse

250 g Mehl
½ TL Backpulver
100 g Mandelblättchen
100 g Butter
60 g Zucker
1 Ei
1 Eigelb
1 unbehandelte Zitrone
1 unbehandelte Orange
1 Rosmarinzweig

Orange und Zitrone heiß waschen und jeweils 1 EL Schale
abreiben.

Butter und Zucker mit dem Handrührgerät schaumig schlagen.
Ei und Eigelb dazugeben.

Mandelblättchen und Rosmarinzweig zusammen mit dem Abrieb
von Orange und Zitrone in einer Pfanne ohne Fett leicht rösten.
Wenn die Mandeln Farbe angenommen haben, den
Kräuterzweig entfernen und die Mischung zur Buttermasse
geben.

Mehl und Backpulver unterheben.

Aus dem Teig zwei Rollen mit einem Durchmesser von etwa 3 cm
formen. 30 Minuten kühl stellen.

In der Zwischenzeit Backofen auf 150 Grad vorheizen. Teigrollen
auf ein mit Backpapier ausgelegtes Backblech legen und
20 Minuten backen. Herausnehmen und vorsichtig in
fingerdicke Scheiben schneiden.

Backofen auf 120 Grad herunterschalten und die Kekse
1 ½ Stunden im Backofen trocknen.

Kräuter-Rührkuchen

300 g Mehl
250 g Butter
4 Eier
120 g Zucker
1 Päckchen Vanillezucker
1 Päckchen Backpulver
1 Päckchen Vanillepuddingpulver
2 cm frischer Ingwer
2 Zweige Zitronenstrauch
1 Zweig Pfefferminze
1 Zweig Rosenmelisse
Schokoladenglasur

Backofen auf 180 Grad vorheizen.

Kräuter waschen, trocken schütteln und in Streifen schneiden.
Ingwer fein reiben.

Butter schaumig rühren, Zucker und Eier untermischen. Mehl,
Backpulver, Vanillezucker, Vanillepuddingpulver, Ingwer und
Kräuter unterheben. Mit dem Mixer zu einem leicht fließenden
Teig verrühren.

In eine gefettete Kastenform füllen. Für 25 bis 35 Minuten im
vorgeheizten Backofen backen.

Nach dem Backen etwas abkühlen lassen und mit
Schokoladenglasur überziehen.

Nachspeisen

Wiesen After-Eight

100 g Zartbitterkuvertüre
50 Gundermannblätter mit Stiel
Backpapier

Ein Blech mit Backpapier auslegen oder ein Kuchengitter
bereitstellen.

Kuvertüre vorsichtig im Wasserbad zum Schmelzen bringen.
Jedes einzelne Gundermann-Blättchen vorsichtig von beiden
Seiten mit der Kuvertüre überziehen. Auf das Blech oder
Kuchengitter legen. Abkühlen lassen und in den Kühlschrank
stellen.

Sobald die Blätter hart sind, diese vorsichtig von der Unterlage
lösen und im Kühlschrank aufbewahren.

Toll als kleine Nascherei für zwischendurch oder zur
schmackhaften Garnitur von Desserts.

Aprikosenkompott mit Lavendel

350 g Aprikosen
6 Zweige Lavendel mit Blüten
1 TL weißer Balsamico-Essig
2 TL brauner Zucker
Zitronensaft
200 g Schlagsahne
2 TL Puderzucker

Lavendelzweige abspülen und trocken schütteln. 4 Zweige zum
Garnieren beiseitelegen. Von den restlichen Zweigen
die Blüten abzupfen.

Aprikosen abspülen, abtrocknen, halbieren und entsteinen.
Aprikosen zusammen mit den Lavendelblüten, etwas
Zitronensaft, Essig und Rohrzucker in einem Topf aufkochen und
10 Minuten bei schwacher Hitze köcheln lassen.

Sahne mit Puderzucker cremig schlagen und kalt stellen

Kompott vom Herd nehmen, etwas abkühlen lassen und lauwarm
in Gläser füllen. Kalt gestellte Sahne auf das Kompott geben und
mit den restlichen Lavendelzweigen und -blüten garnieren.

Sofort servieren.

Thymian-Sahneeis

8 Eigelb
½ Liter Milch
½ Liter Schlagsahne
6 EL Tannenhonig
2 EL frische Thymianblüten

Thymianblüten abspülen und trocken tupfen. Eigelb mit Milch, Sahne, Honig und Thymian in einer Edelstahlschüssel vermischen.

Schüssel auf einen Topf mit heißem Wasser stellen und die Zutaten mit einem Schneebesen im heißen Wasserdampf etwa 5 Minuten zu einer dick-schaumigen Masse aufschlagen.

Die Eigelbmasse unter Rühren etwas abkühlen lassen, in den Rührbecher einer Eismaschine geben und etwa 45 Minuten unter Rühren frosten lassen.

Alternativ kann man den Topf mit der Eigelbmasse auch in den Gefrierschrank stellen und alle 15 Minuten umrühren, bis die Masse cremig geworden ist. Eis etwa 2 Stunden gefrieren lassen.

Eis zusammen mit frischen Früchten servieren.

Anstelle von Thymianblüten können auch gut Lavendelblüten oder junge Zitronentyhmiantriebe verwendet werden.

Orangensalat

6 Orangen
50 g Walnüsse
3 EL Grand Marnier
1 EL Zimt
1 EL Honig
2 Zweige Minze

Orangen mit einem scharfen Messer knapp hinter der weißen Haut von der Schale befreien.

Fruchtfleisch in Scheiben schneiden. Gegebenenfalls Kerne entfernen. In einer Schüssel Honig leicht erwärmen und mit Grand Marnier vermischen. Orangenscheiben zugeben und etwa 1 Stunde ziehen lassen.

Walnüsse fein hacken. Minze waschen, Blätter abzupfen und fein hacken. Orangenscheiben fächerartig auf einem großen Dessertteller anrichten. Mit Walnüssen, gehackter Minze und Zimt bestreuen.

Als Variante können hier die Walnüsse auch durch Sesam oder Pistazien ersetzt werden.

Toll eignet sich hier auch Apfel- oder Ananasminze.

Minze

Weiße Zitronen-Schokomousse mit Himbeeren

350 g Himbeeren
200 g weiße Schokolade
250 g Naturjoghurt, 3,5%
350 g Sahne
½ Bund Zitronenmelisse

Zitronenmelisse waschen, trockenschütteln, Blättchen abzupfen
und in feine Streifen schneiden

Die weiße Schokolade hacken und in einer Schüssel über einem
heißen Wasserbad vorsichtig schmelzen. Sobald die Schokolade
geschmolzen ist, Joghurt rasch unterrühren.

Sahne halbfest schlagen und zusammen mit der Zitronenmelisse
vorsichtig unter die Schokoladen-Joghurt-Masse heben.

Schokoladenmousse in Gläser schichten (Gläser nicht ganz voll
machen) und etwa 3 Stunden kühl stellen.

Himbeeren verlesen, kurz abbrausen und trockentupfen. Die
Hälfte der Beeren mit dem Pürierstab fein mixen und durch ein
Sieb streichen. Restliche Beeren beiseitelegen.

Zum Servieren eine Schicht Himbeersauce auf die Mousse geben
und mit frischen Himbeeren und Zitronenmelisse servieren.

Gebratene Ananas mit Rosmarin

1 frische reife Ananas
80 g Rohrohrzucker
1 TL Limettensaft
1 Zweig Rosmarin
25 g Butter
4 EL weißer Rum

Strunk der Ananas abschneiden und die Frucht auf einen Teller setzen. Mit einem scharfen Messer die Schale herunter schneiden. Eventuell zurückbleibende "Augen" nachher entfernen. Die Ananas vierteln, jeweils den harten Mittelkern entfernen und die Ananasviertel in Scheiben schneiden.

Rohrohrzucker und Limettensaft in eine Pfanne geben und bei mittlerer Hitze zu hellbraunem Karamell verschmelzen.

Rosmarinnadeln vom Zweig zupfen, mit der Butter zum Karamell geben und verrühren. Ananasscheiben hineinlegen und kurz beidseitig braten.

Nach dem Wenden mit Rum beträufeln.

Nach Belieben mit einer Kugel Vanilleeis servieren.

Getränke

Pfefferminzsirup

10 Stängel frische Pfefferminze
1 Liter kaltes Wasser
700 g Zucker
25 g Zitronensäure

In einem großen Topf Wasser mit Zitronensäure verrühren.
Gewaschene Pfefferminzstängel in das Wasser geben und
24 Stunden ziehen lassen.

Dann aufkochen lassen und abseihen. Minzwasser wieder
erhitzen und Zucker darin auflösen.
Etwa 5 - 10 Minuten einkochen.

Sirup noch heiß in saubere, ausgekochte Flaschen füllen.
Die Flaschen für 5 Minuten auf den Kopf stellen.

Mit Mineralwasser vermischt ergibt dieser Sirup ein erfrischendes
Getränk für heiße Tage.

Gierschlimonade

10 Blätter Giersch
1 Ranke Gundermann
2 Zweige Pfefferminze
2 Zweige Zitronenmelisse
1 Liter Apfelsaft
0,5 Liter Mineralwasser
Saft von 1 Zitrone

Kräuter zu einem kleinen Strauß binden und diesen in den Apfelsaft hängen. Kräuter kräftig im Apfelsaft ausdrücken, den Saft von einer Zitrone dazugeben und kühl stellen. Kräuter müssen vom Apfelsaft bedeckt sein. Mindestens 3 bis maximal 5 Stunden ziehen lassen.

Vor dem Servieren mit Mineralwasser aufgießen,

In ein Longdrinkglas füllen, mit einem Kräuterzweig und einer Zitronenscheibe dekorieren.

Schmeckt besonders gut im Sommer.

Minze

Zitronenstrauchsirup

40 g Zitronenstrauch (Zitronenverbene)
1 Liter Wasser
1 kg Zucker
1 unbehandelte Zitrone

Zitronenstrauchblätter von den Stielen zupfen, Zitrone in Scheiben schneiden. Beides in einen Topf geben.

Zucker im Wasser auflösen und aufkochen. Kräuter und Zitrone mit diesem heißen Sirup überbrühen und abgedeckt ca. 5 Tage stehen lassen.

Dann abseihen und den Sirup aufkochen. Noch heiß in saubere, ausgekochte Flaschen füllen. Die Flaschen für 5 Minuten auf den Kopf stellen.

Gibt Sekt oder Prosecco eine erfrischend, zitronige Note.

Waldmeisterbowle

1 Bund Waldmeister
1 Liter leichter Weißwein oder Apfelwein
3 EL Zucker
0,7 Liter Sekt oder Mineralwasser

Waldmeister waschen und gut abtropfen lassen. Besonders aromatisch wird die Waldmeisterbowle, wenn die Kräuter über Nacht antrocknen.

Zucker und Wein in ein Bowlegefäß geben.

Aus dem Waldmeister ein Sträußchen binden und dieses mit einem Faden so in den Wein hineinhängen, dass die Stielenden herausragen.

Je nach Geschmack zwischen 20 und 30 Minuten im Kühlen ziehen lassen. Dann das Kraut herausnehmen.

Vor dem Servieren mit gekühltem Sekt oder Mineralwasser auffüllen.

Zitronenblatt-Cocktail

8 Makrut-Blätter (Kaffirlimetten-Blätter)
4 Stängel Zitronengras
Je 4 Orangen-, Zitronen- und Limettenspalten
2 TL Honig
Mineralwasser
Eiswürfel

Je 2 Makrut-Blätter, 1 Stängel Zitronengras, je 1 Orangen-,
Zitronen- und Limettenspalte in ein Glas geben. Mit dem Stößel
eines Mörsers kräftig andrücken. ½ TL Honig hinzufügen, mit
Eiswürfeln und Mineralwasser auffüllen.

Eventuell mit Limettenspalten garnieren.

Das Mineralwasser kann auch durch Sekt ersetzt werden.

Zitronenstrauch

Kräuterbeschreibungen

Bärlauch

Bärlauch
Allium ursinum

Beschreibung

Bärlauch ist eine winterharte Zwiebelpflanze, die bis zu 50cm hoch wird. Die lanzettlichen, dunkelgrünen Blätter riechen beim Zerreiben sehr stark nach Knoblauch. Die weißen Sternenblüten sitzen auf einem blattlosen Stängel.

Ansprüche

Am besten wächst Bärlauch unter Laubbäumen oder Hecken, dort ist es halbschattig und leicht feucht. Ab Februar zeigen sich die ersten Blätter und die Ernte kann beginnen. Wenn die Blätter gelb werden, zieht die Pflanze ein, d.h. es können keine Blätter mehr geerntet werden.

Unser Tipp: Blätter immer einziehen lassen, damit ausreichend Energie für den Neuaustrieb im nächsten Jahr gespeichert wird.

Verwendung

Getrocknet verlieren die Blätter an Aroma. Die jungen Blätter mit Stängel können von Februar bis Mai geerntet werden. Außerdem können Sie die Blütenknospen, die Blüten und die grünen, jungen, weichen Früchte, sowie die Zwiebeln verwenden. Nicht schmackhaft uns somit für die Küche ungeeignet sind die reifen, harten Samen. Bärlauch eignet sich für Suppen und Soßen, in Salaten und zu Nudelgerichten.

Hinweis: Der übermäßige Gebrauch kann zu Magenverstimmungen führen.

Basilikum
Ocimum basilicum

Beschreibung

Von Basilikum gibt es sehr viele unterschiedliche Arten und Sorten. Die bekannteste Form ist die einjährige Sorte `Genoveser` mit einer Höhe von bis zu 60cm. Seine großen grünen Blätter sitzen gegenständig am Stängel und die weißen Blüten erscheinen an Ähren.

Ansprüche

Alle Basilikum-Arten und -Sorten lieben einen sonnigen Standort mit nährstoffreichem und durchlässigem Boden. Die Pflanzen benötigen einen warmen Standort mit einer Temperatur von mindestens 18°C. Basilikum darf also nicht vor Mitte Mai ins Freie gepflanzt werden.

Unser Tipp: Die kompletten Triebspitzen über einem Blattpaar ernten, somit verzweigt sich das Basilikum und wird buschig.

Verwendung

Ernten Sie Basilikum vor der Blüte um es zu trocknen, wobei anzumerken ist, dass getrocknetes Basilikum an Aroma verliert. Es kann auch eingefroren werden, aber beim Auftauen fällt es zusammen. Frisches Basilikum kann mit Blüten den ganzen Sommer verwendet werden. Es ist ein Muss in der mediterranen Küche, wie z.B. zu Tomatengerichten und Pesto.

Unser Tipp: Weitere Basilikumarten sind z.B. Thai Basilikum für die asiatische Küche. Zitronenbasilikum gibt dem Gericht ein leichtes Zitronenaroma. Das Strauchbasilikum `Magic Blue` schmeckt sehr kräftig und kann bei ca. 10°C auf der Fensterbank überwintert werden. Es hat sehr dekorative, essbare Blüten und wird bis zu 100cm hoch. Des Weiteren gibt es auch Zimtbasilikum, Heiliges Basilikum und verschiedenste kleinblättrige Sorten.

Basilikum

Beifuß
Artemisia vulgaris

Beschreibung

Beifuß wird bis zu 150 cm hoch. Die gefiederten Blätter sind auf der Oberseite dunkelgrün und auf der Unterseite silberfarben. Seine Blüten sind rötlich braun und sitzen an Rispen.

Ansprüche

Beifuß wächst an sonnigen bis halbschattigen Standorten mit einem durchlässigen Boden. Nach der Blüte schneiden Sie ihn zurück, dann treiben erneut zarte Blätter aus.

Verwendung

Zum Trocknen sind die grünen Knospen am aromatischsten und somit am besten geeignet. Sehen sie schon gelb oder braun aus, sind die Blüten bereits geöffnet und verblüht. Das Kraut kann ebenso auch getrocknet werden. Die Blätter können den ganzen Sommer frisch verwendet werden. Beifuß ist ideal für fette Speisen, wie die klassische Martinsgans. Die jungen Blättchen finden Verwendung in Salaten, in der Likör-, Essig- und Weinherstellung und für Aufstriche jeder Art.

Bohnenkraut
Satureja montana

Beschreibung

Es gibt das flachwachsende Winterbohnenkraut und das aufrecht wachsende Bergbohnenkraut. Beide Arten sind winterhart. Außerdem gibt es noch das einjährige Bohnenkraut, das jedes Jahr aufs Neue ausgesät werden muss. Die Blätter des Bohnenkrauts sitzen wie kleine Nadeln am Stängel, die Blütenfarbe variiert von weiß bis rosa.

Ansprüche

Der Standort muss sonnig sein und einen lockeren, durchlässigen Boden aufweisen. Schneiden Sie nach der Blüte das Bohnenkraut auf ca. 10cm über dem Boden zurück, die Pflanze dankt es Ihnen mit einem schönen Neuaustrieb.

Verwendung

Um es zu trocknen, wird das Bohnenkraut kurz vor der Blüte geerntet. Auch die Blüten des Bohnenkrauts können in der Küche verwendet werden. Je nach Würzintensität werden 5-10 Zweige gebündelt und kurz vor Ende der Garzeit hinzugeben. Vor dem Servieren nehmen Sie das Bündel heraus. Bohnenkraut eignet sich für Fleischgerichte, Eintöpfe und Suppen.

Unser Tipp: Ein Muss für das Bohnengemüse.

Borretsch
Borago officinalis

Beschreibung

Borretsch ist eine einjährige Pflanze, die bis zu 80cm hoch werden kann. Seine Blätter und Stängel sind behaart und die nach unten nickenden, lilablauen Blüten sitzen an 2-3cm langen Stängeln.

Ansprüche

Borretsch gedeiht an einem sonnigen bis leicht halbschattigem Standort. Der Boden sollte nährstoffreich und durchlässig sein.

Verwendung

Borretsch wird auch Gurkenkraut genannt, weil die jungen Blätter wunderbar für Gurkensalat verwendet werden können. Beim Trocknen verlieren die Blätter ihr Aroma. Borretsch kann den ganzen Sommer frisch verwendet werden. Das Kraut schmeckt sehr fein in Kräuterquark und -butter und in der Frankfurter Grünen Soße. Die essbaren Blüten eignen sich zum Dekorieren von Speisen und für Kräuteressige.

Hinweis: Borretsch darf nicht verwendet werden in den ersten drei Monaten der Schwangerschaft und bei Kindern unter 1 Jahr, da in geringen Mengen leberschädigende Pyrrolizidinalkaloide enthalten sind. Beim sparsamen Einsatz als Küchengewürz bestehen keine gesundheitlichen Bedenken.

Dill
Anethum graveolens

Beschreibung

Dill ist einjährig und muss deshalb jedes Jahr wieder aufs Neue ausgesät werden. Er wird bis zu 100cm hoch und bildet wunderschöne gelbe Blütendolden. Diese können Sie mit Essiggurken einlegen oder als schöne Blüten in einem Blumenstrauß verwenden. Die Blätter des Dills sind feingeteilt und duften sehr aromatisch.

Ansprüche

Dill bevorzugt sonnige bis leicht halbschattige Standorte mit nährstoffreichen und durchlässigen Böden. Die Pflanze kommt nach ca. zwei Monaten zur Blüte und bildet essbaren Samen.

Unser Tipp: Um im Garten immer jungen, zarten Dill zu haben, müssen Sie öfter aussäen oder neue Jungpflanzen nachpflanzen.

Verwendung

Dill kann getrocknet werden, verliert dann aber etwas an Aroma. Eingefrorener Dill klebt nach dem Auftauen zusammen und sieht für die frische Küche nicht mehr ansprechend aus. Geben Sie Dill immer erst kurz vor dem Servieren den Speisen hinzu, da er schnell zusammenfällt. Dill schmeckt sehr gut an Gurkensalat, in Kräuterquark und -butter und zu Fischgerichten.

Estragon
Artemisia dracunculus

Beschreibung

Der russische Estragon ist einjährig und muss jedes Jahr aufs Neue ausgesät werden. Französischer Estragon hingegen ist im Weinbauklima winterhart und kann so einen festen Platz in Ihrem Kräutergarten einnehmen. Er wird bis zu 70cm hoch und hat silbrig schimmernde lanzettliche Blätter.

Ansprüche

Estragon braucht einen sonnigen Standort. Der Boden sollte durchlässig sein. Schneiden Sie Estragon nach der Blüte zurück.

Verwendung

Estragon kann mit Blüten den ganzen Sommer über frisch verwendet werden. Zum Trocknen wird das Kraut vor der Blüte geerntet. Die Pflanze eignet sich ebenso zum Einfrieren. Die kleingeschnittenen Blätter und junge Triebspitzen können Sie für Fischgerichte, Eierspeisen, Huhn, Soßen und Kräuterbutter verwenden.

Gänseblümchen
Bellis perennis

Beschreibung

Die winterharten Gänseblümchen werden ca. 10cm hoch und haben spatelförmige Blätter, die dicht am Boden eine Rosette bilden. Die Blüten sind weiß und haben eine gelbe Mitte.

Ansprüche

Am liebsten wachsen Gänseblümchen im Rasen an einem sonnigen bis halbschattigen Standort.

Verwendung

Die ersten Gänseblümchenblüten findet man schon im März. Die Blüten und Blätter können getrocknet werden, jedoch sind für die Küche aber frische Pflanzenteile besser geeignet. Auch die Knospen können verwendet werden, z.B. für Kapern und Mixed Pickels. Die Blätter und Blüten eignen sich zudem für Salate, Getränke und essbare Blütendekorationen.

Giersch
Aegopodium podagraria

Beschreibung

Giersch ist winterhart und wird bis zu 90 cm hoch. Er besitzt dreigeteilte, gefiederte Blätter und weiße Doldenblüten. Mit seinen Rhizomen wuchert er stark und bedeckt so schnell größere Flächen.

Ansprüche

Giersch benötigt einen sonnigen bis schattigen Standort. Der Boden sollte nährstoffreich und tiefgründig sein. Giersch wächst in feuchten Laub- und Mischwäldern, an schattigen Waldrändern, in Gebüschen und an Flussufern. Schneiden Sie Ihren Giersch öfter mal zurück, damit die Pflanze wieder zarte junge Blätter hervorbringt.

Unser Tipp: Pflanzen Sie Giersch mit einer Wurzelsperre ein, die das rasante Ausbreiten der Pflanze verhindert. Vermeiden Sie bei der Gartenarbeit das Hacken an Stellen, an denen Giersch wächst, da so die Ausbreitung noch gefördert wird.

Verwendung

Giersch wird zum Trocknen vor der Blüte geerntet, er kann aber auch sehr gut eingefroren werden. Die Blätter können den ganzen Sommer über geerntet werden. Auch die Blüten und Samen sind essbar. Junge Blätter und Früchte können für Salate, Gemüse, Suppen, Füllungen, Kräuterquark- und -butter und für Getränke verwendet werden.

Gundermann
Glechoma hederaceum

Beschreibung

Gundermann ist winterhart und hat einen kriechenden Wuchs.
Die Stängel sind vierkantig und fädig. Die Blätter sitzen
gegenständig am Stängel und auf der Oberseite erkennt man
die Blattadern. Die blau-violetten Blüten stehen in den
Blattachseln und haben eine Ober- und Unterlippe.

Ansprüche

Der Standort kann sonnig bis schattig sein. Am besten wächst
Gundermann unter Hecken und Bäumen, aber auch im Rasen
kommt die Pflanze gut zu recht. Beachten Sie, dass Gundermann
sich durch seine Ranken sehr rasch ausbreitet.

Verwendung

Gundermann kann den ganzen Sommer über frisch mit den
Blüten geerntet und zudem auch gut eingefroren werden. Zum
Trocknen wird das blühende Kraut geerntet. Gundermann
eignet sich für Suppen, Soßen, Salaten, Süßspeisen und Getränke.

Kapuzinerkresse
Tropaeolum majus

Beschreibung

Beim einjährigen Kapuzinerkresse gibt es sowohl kompakt wachsende Sorten, die nur bis ca. 40cm lang werden, als auch stark rankende Sorten bis 2m Länge. Die Blätter sind fast kreisrund und sitzen an einem langen Stiel. Die Blüten variieren in gelben und roten Tönen.

Ansprüche

Der Standort für Kapuzinerkresse sollte sonnig bis leicht halbschattig sein, der Boden durchlässig und nährstoffreich.

Verwendung

Die Blüten und Blätter verwenden Sie frisch und auch die Samen können verzehrt werden. Verwendung finden Blüten und Blätter der Kapuzinerkresse in Salaten und Kräuterbutter. Die Blüten eignen sich zur essbaren Dekoration und zum Füllen.

Kerbel
Anthriscus cerefolium

Beschreibung

Der einjährige Kerbel kann bis zu 40cm hoch werden. Die mehrfach gefiederten Blätter sind saftig grün und die kleinen weißen Blüten sind in Doppeldolden angeordnet.

Ansprüche

Kerbel wächst an einem leicht sonnigen bis schattigem Standort. Er braucht nährstoffreiche, leicht feuchte Böden. Nach einem Rückschnitt treibt die Pflanze wieder sehr gut durch.

Verwendung

Kerbel ist zum Trocknen weniger geeignet, da er dann schnell an Aroma verliert. Kerbel kann den ganzen Sommer über frisch geerntet werden und er eignet sich ebenso zum Einfrieren. Kerbel schmeckt hervorragend zu Fischgerichten und Eiergerichten, in Soßen, Kräuterquark und -butter, Salaten und für die Frankfurter Grüne Soße. Geben Sie Kerbel aber erst kurz vor dem Servieren hinzu.

Koriander
Coriandrum sativum

Beschreibung

Der einjährige Koriander wird bis zu 60cm hoch und bringt weiße Doldenblüten hervor. Die jungen Blätter sind rundlich breit, während ältere Korianderblätter doppelt gefiedert sind. Das Kraut ist sehr aromatisch.

Ansprüche

Der Standort sollte sonnig bis leicht halbschattig sein und der Boden durchlässig. Koriander bildet essbare Samen.

Unser Tipp: Um immer junges Kraut im Garten zu haben, müssen Sie öfter aussäen oder nachpflanzen. Koriander kommt je nach Temperatur sehr schnell zur Blüte.

Verwendung

Das Kraut des Korianders verliert beim Trocknen an Aroma. Aber der Samen kann sehr gut getrocknet werden. Frisches Kraut eignet sich zum Einfrieren. Koriander veredelt viele Fleisch- und Fischgerichte und kommt vor allem in der östlichen und südostasiatischen Küche zum Einsatz.

Kresse
Lepidium sativum

Beschreibung

Kresse ist eine sehr bekannte krautige Pflanze, die in der gärtnerischen Kultur bereits bei einer Höhe von ca. 8-10cm geerntet wird. Auf dem kahlen Stängel sitzen die zwei Keimblätter. Nach dem Ernten wächst die Pflanze nicht wieder nach.

Ansprüche

Kresse wird bei Temperaturen um 20°C ausgesät. Kresse kann in normaler Gartenerde oder in feuchter Watte ausgesät werden, und wird dabei mit einem Papier abgedeckt, da die Pflanze zu den Dunkelkeimern zählt. Die Aussaat muss am Anfang feucht gehalten werden, später wird erst gegossen, wenn die Erde trocken ist. Kresse kann nur einmal geerntet werden.

Verwendung

Verwenden Sie Kresse z.B. für Salate, Suppen und Frankfurter Grüne Soße.

Kümmel
Carum carvi

Beschreibung

Kümmel ist eine zweijährige Pflanze, die bis zu 100 cm hoch wird. Er hat weiß-rötliche Blüten, die in Dolden angeordnet sind und im zweiten Jahr erscheinen. Die Blätter sind zwei oder dreifach gefiedert. Der Samen ist braun und sichelförmig und schmeckt nach Lakritze.

Ansprüche

Wählen Sie einen sonnigen Standort mit einem durchlässigen, kalkhaltigen und nährstoffreichen Boden.

Verwendung

Sobald die Früchte braun werden, schneiden Sie diese ab und hängen sie zum Trocknen auf. Wenn die Früchte vollständig trocken sind, werden sie von den Dolden abgerieben und aromageschützt aufbewahrt. Sie kommen bei Fleisch- und Kohlgerichten und beim Brotbacken zum Einsatz. Die jungen Blätter können für Salate und Suppen verwendet werden.

Lavendel
Lavandula angustifolia

Beschreibung

Der winterharte, buschig wachsende Halbstrauch wird je nach
Sorte zwischen 40 und 80cm hoch. An den langen, aufrecht
wachsenden Stängel sitzen schmale, graugrüne, behaarte
Blätter. Die blauvioletten Blüten sind am Ende des Stieles in
Scheinähren angeordnet. Die Sorte `Hidcote Blue` hat
dunkelblaue Blüten und einen kompakten Wuchs bis 40cm Höhe.
Neben den in unterschiedlichsten Blautönen blühenden Sorten
gibt es auch Lavendel mit weißen und rosa farbigen Blüten.

Ansprüche

Lavendel braucht einen sonnigen Standort mit durchlässigem
und kalkhaltigem Boden. Nach der Blüte werden die
Blütenstängel und ca. 20cm der Blätter abgeschnitten, damit
der Halbstrauch kompakt bleibt. Ein weiterer Pflegeschnitt erfolgt
im zeitigen Frühjahr. Dabei werden alle Triebe entfernt, die
nach dem Winter nicht mehr austreiben und die Pflanze wird
wieder in eine buschige Form gebracht, indem weitere 10 bis
20cm der Triebe zurückgeschnitten werden.

Verwendung

Zum Trocknen schneiden Sie Lavendelblüten, wenn alle Blüten
eines Blütenstandes geöffnet sind und die unteren Blüten bereits
verblüht sind. In diesem Stadium hat die Pflanze am meisten
ätherische Öle eingelagert. Die Blätter und Blüten können, so an
der Pflanze vorhanden, das ganze Jahr geerntet werden.

Lavendel schmeckt in Süßspeisen, wie Eis und Keksen sehr delikat.
Getrocknete Lavendelblüten können Sie als Duftsäckchen
verarbeitet in den Kleiderschrank oder ins Bad legen.

Lavendel

Liebstock oder Maggikraut
Levisticum officinale

Beschreibung

Liebstock heißt in vielen Regionen auch Maggikraut, da er vom Aroma sehr nach der Maggiwürze duftet. Die winterharte Staude kann bis zu 150cm hoch werden. Die Blätter sind gefiedert mit dreieckigen bis rautenförmigen Blättchen. Die kleinen, sternförmigen Blüten wachsen in schirmförmigen Dolden.

Ansprüche

Liebstock bevorzugt einen sonnigen bis leicht halbschattigen Standort mit nährstoffreichem und leicht feuchtem Boden. Wenn Sie Ihn vor der Blüte zurückschneiden, treiben wieder junge Blätter nach.

Verwendung

Die Blätter des Liebstocks können den ganzen Sommer frisch verwendet werden. Zum Trocknen ernten Sie die Blätter vor der Blüte. Zudem eignet sich Liebstock auch zum Einfrieren. Das Kraut ist ideal für Suppen, Eintöpfe und Soßen. Die Samen können zum Brot backen verwendet werden.

Lorbeer
Laurus nobilis

Beschreibung

Die Blätter des Lorbeers sind ledrig und am Rand leicht gewellt und am Stängel bilden sich die gelben Blüten. Der immergrüne Baum ist bis ca. minus 10°C winterhart und erreicht in seiner Heimat eine Höhe von bis zu 10m. Bei uns wird er meistens in Töpfe gepflanzt und als Strauch oder Stamm gezogen und kann so im Winter im kühlen Treppenhaus überwintert werden.

Ansprüche

Lorbeer braucht einen sonnigen bis leicht halbschattigen Standort mit durchlässigem Boden. Kurzzeitige Trockenheit verträgt die Pflanze recht gut.

Verwendung

Die Blätter können getrocknet werden. Da aber die Pflanze das ganze Jahr über Blätter trägt, können immer frische Blätter oder ganze Triebe aberntet werden. Lorbeer wird für Suppen, Eintöpfe, Sauerkraut, Fleischgerichte und Soßen verwendet.

Majoran
Origanum majorana

Beschreibung

Der einjährige Majoran wird bis zu 30cm hoch und die Stängel der Pflanze sind vierkantig, stark verzweigt und rötlichbraun. Die Blätter sind flaumig weich und in den Blattachseln sitzen weißlich rosa Blüten, die von den kugeligen Hochblättern fast verdeckt werden.

Ansprüche

Majoran benötigt einen sonnigen Standort mit sehr gut durchlässigem, neutralem bis kalkhaltigem Boden.

Unser Tipp: Nach der Vollblüte die Pflanze etwas zurückschneiden, dann treiben wieder zarte Blätter aus.

Verwendung

Zweige mit oder ohne Blüten können den ganzen Sommer über in der Küche verwendet werden. Zum Trocknen werden die Triebe im Knospenstadium geerntet. Majoran hat einen sehr intensiven Geschmack und wird daher sparsam verwendet. Verwendung findet Majoran in der Italienische Küche, in Nudelgerichten, für Pizza, Fleischgerichte und Eierspeisen ist er ein Muss.

Minze
Mentha

Beschreibung

Es gibt über 25 verschiedene Arten der Gattung Minze und ca. 600 Sorten. Jede dieser Minzen hat ihren eigenen Geschmack. Die Englische Minze (Mentha x piperita) ist sehr mentholhaltig, was zu einem scharfen Geschmack führt. Diese Minze wird deshalb auch als Pfefferminze bezeichnet.

Andere Minzsorten schmecken fruchtiger, wie etwa die Apfelminze, die Marokkanische Minze, die Türkische Minze, die Mojito-Minze, die Krause Minze und die Zitronenminze. Diese Minzen enthalten weniger Menthol, sind damit nicht so scharf haben und zeichnen sich durch ein sehr angenehmes Minzaroma aus.

Exotischer wird es bei Bananenminze, Erdbeerminze und Ananasminze: hier ist ein wenig Fantasie von Nöten, um den Duft zu erkennen.

Minze wird bis zu 100cm hoch und ist winterhart. Sie blüht in kleinen Ähren je nach Art von weiß bis zart violett.

Ansprüche

Der Standort sollte sonnig bis halbschattig sein, der Boden nährstoffreich und nicht zu trocken. Nach der Blüte schneiden Sie Ihre Minze kräftig zurück, damit nach kurzer Zeit wieder zarte Blättchen nachtreiben.

Unser Tipp: Minze wuchert im Garten sehr stark. Daher sollte der Standort im Garten mit Bedacht gewählt werden. Um das Ausbreitungsvermögen der Pflanzen einzudämmen, schneidet man bei einem großen Plastiktopf den Boden heraus und

pflanzt die Minze in diesem in das Beet. Der Topfrand hindert die Wurzeln daran, weiter zu wuchern. Es gibt aber auch Sorten mit einem verträglicheren Wachstum, wie etwa die Marokkanische Minze.

Verwendung

Die frischen Blätter der Minze können den ganzen Sommer geerntet werden. Frische Minzblätter können als Tee zubereitet auch mit anderen Kräutern, wie Zitronenstrauch, Melisse, Zitronenthymian und Ananassalbei gemischt werden. Zum Trocknen werden die Stängel kurz vor der Blüte handbreit über dem Boden abgeschnitten. Danach werden die Blätter von den Stängeln abgestreift und auf einem Tuch zum Trocken ausgebreitet. Die ganzen getrockneten Blätter bewahrt man in einer verschlossenen Dose oder einem Leinenbeutel auf. So behalten die getrockneten Blätter am besten ihr Aroma. Minze eignet sich zum Verfeinern von Dessert, Soßen und Lammfleisch.

Hinweis: Pfefferminztee aus stark mentholhaltigen Minzsorten sollte kein Dauergetränk werden, da Menthol die Bildung von Magensäure stimuliert und auf Dauer zu Magenschmerzen führen kann.

Minze

Oregano oder Dost
Origanum vulgare

Beschreibung

Der auch als Dost bezeichnete winterharte Oregano wird bis zu 50cm hoch. Seine länglich-eiförmigen Blätter sind gegenständig am Stängel angeordnet Die rosa-purpurfarbenen Blüten sitzen an verzweigten Büscheln.

Ansprüche

Der Standort der Pflanze sollte sonnig sein und über einen gut durchlässigen Boden verfügen. Nach der Blüte wird der Oregano zurückgeschnitten, damit wieder junge Blätter nachtreiben.

Verwendung

Zum Trocknen schneiden Sie Ihren Oregano vor der Blüte ab. Frisch kann er - auch mit den Blüten - den ganzen Sommer über verwendet werden. Oregano ist ein Muss für die mediterrane Küche, er schmeckt sehr delikat in Nudelgerichten aller Art, sowie Fleischgerichten, Suppen und Soßen.

Petersilie
Petroselinum crispum

Beschreibung

Petersilie wird bis 50 cm hoch und ist eine zweijährige Pflanze. Das bedeutet im ersten Jahr, also im Jahr der Aussaat, wächst nur das Laub und ersten im zweiten Jahr werden dann die Blüten gebildet. Nach der Blüte geht die Petersilienpflanze zugrunde. Man unterscheidet zwischen der krausen Petersilie und der glatten, auch italienische Petersilie genannt.

Ansprüche

Der vorgesehene Standort im Garten sollte sonnig bis leicht halbschattig sein mit einem durchlässigen und nährstoffreichen Boden. Um eine optimale Entwicklung sicher zu stellen, sollte Petersilie nicht immer wieder an den gleichen Standort im Garten gepflanzt werden.

Unser Tipp: Bekommt Ihre Petersilie gelbe Blätter, ist der Boden vermutlich zu nass. Deshalb Petersilie immer abtrocknen lassen und erst gießen, wenn der Boden abgetrocknet ist.

Verwendung

Frische Petersilie können Sie den ganzen Sommer ernten. Außerdem lässt sie sich gut einfrieren. Lediglich beim Trocknen verliert sie an Aroma. Petersilie wird in der Küche für Suppen, Salate, Soßen und zu Pilzgerichten verwendet. Des weiteren gehört sie zur Frankfurter Grünen Soße.

Unser Tipp: Die glatte Petersilie ist kräftiger im Geschmack als die krause. Zum Verzieren von Gerichten eignet sich die krause Petersilie besser.

Petersilie

Pimpinelle
Sanguisorba minor

Beschreibung

Die winterharte Pimpinelle wird bis zu 50 cm hoch. Sie wächst rosettenartig mit eiförmigen bis elliptischen, gezahnten Fiederblättern. Die kugeligen Blüten sitzen auf langen Stängeln.

Ansprüche

Pimpinelle gedeiht an einem sonnigen bis halbschattigen Standort mit durchlässigem Boden. Nach der Blüte wird Pimpinelle zurückgeschnitten, ehe nach kurzer Zeit wieder zarte Blätter nachtreiben.

Verwendung

Da die Blätter der Pimpinelle getrocknet an Aroma verlieren, verwendet man die Blätter am besten frisch. Sie haben einen gurkenähnlichen Geschmack und sind für Suppen, Salate und Frankfurter Grüne Soße geeignet.

Rosmarin
Rosmarinus officinalis

Beschreibung

Rosmarin ist ein immergrüner und bis ca. minus 10°C winterharter Halbstrauch. Er verholzt von unten her und kann bis zu 2 m hoch werden. Die nadeligen Blätter sind auf der Unterseite leicht behaart. Die zartblauen bis lila Blüten sitzen im oberen Teil des Stängels.

Ansprüche

Rosmarin braucht einen sonnigen und geschützten Standort. Der Boden sollte neutral bis kalkhaltig, sandig und trocken sein.

Unser Tipp: Im Winter deckt man in kalten Regionen Rosmarin mit Tannenzweigen und Vlies ab. Falls der Boden trocken sein sollte, wird die Pflanze an frostfreien Tagen auch im Winter gegossen.

Verwendung

Frische Triebspitzen und Blätter können das ganze Jahr geerntet werden. Zum Trocknen können Sie während und nach der Blüte ernten. Rosmarin kann zum Würzen von herzhaften, wie auch süßen Speisen (Marmelade) verwendet werden. Er ist sehr intensiv und kann bei zu langem Kochen bitter werden. Die verholzten Zweige kann man als Grillspieße nutzen: Hierzu werden die Nadeln abgestreift und Fleisch und Gemüse auf den Rosmarinast aufgespießt. Die Nadeln können für Rosmarin-Kartoffeln verwendet werden. Außerdem findet Rosmarin Verwendung in der Mediterranen Küche, in Fleisch- und Nudelgerichten, Soßen und für Desserts.

Rucola oder Salatrauke
Eruca sativa

Beschreibung

Der winterharte Rucola hat gezahnte Blätter und bildet gelbe Blüten auf langen Stängeln. Um eine starke Ausbreitung der Pflanze durch Selbstaussaat zu verhindern, werden die gelben Blüten abgeschnitten, bevor sie Samen ausbilden können.

Ansprüche

Rucola liebt einen sonnigen bis halbschattigen Standort mit nährstoffreichem durchlässigem Boden. Je älter die Blätter werden, umso kräftiger bis leicht bitter schmecken sie.

Unser Tipp: Rucola zwei bis dreimal jährlich neu pflanzen oder aussäen, damit Sie immer junge zarte Blätter für die Küche zur Verfügung haben.

Verwendung

Rucola eignet sich wegen des Aromaverlustes nicht zum Trocknen. Sie können Rucola auch einfrieren, allerdings sind die Blätter nach dem Auftauen zum Kochen und nicht zum Verzehr in roher Form geeignet. Blätter können den ganzen Sommer über laufend geerntet werden. Sie schmecken frisch auf Pizza und zu Pastagerichten. Außerdem als Pesto oder frisch in Salaten. Beim Kochen wird Rucola erst kurz vor dem Servieren hinzugegeben.

Unser Tipp: Für Tomate-Mozzarella-Salat verwenden Sie anstatt Basilikum Rucola und das Gericht erhält einen nussig-würzigen Geschmack.

Salbei
Salvia officinalis

Beschreibung

Der winterharte Halbstrauch wird bis zu 80cm hoch. Seine Blätter sind auf der Unterseite wollig behaart. Die blauvioletten Blüten sind in übereinander stehenden Scheinquirlen angeordnet.

Ansprüche

Salbei liebt einen sonnigen Standort mit gut durchlässigem Boden. Ein häufiges Ernten der jungen Triebe sorgt für einen kompakten Wuchs. Nach der Blüte schneiden Sie nicht nur die Blütenstängel ab, sondern auch ca. 20cm des gesamten Salbeibusches. Weitere Rückschnitte um die Pflanze in Form zu bringen erfolgen im Frühjahr, nicht im Herbst.

Verwendung

Die Blätter des Salbeis kann man das ganze Jahr über ernten, allerdings sind sie im Winter nicht so aromatisch. Zum Trocknen wird kurz vor der Blüte geerntet. Getrocknete Blätter haben einen sehr dominierenden Geschmack und sollten beim Kochen sparsam verwendet werden. Frische Blätter können Sie dagegen großzügiger verwenden. Salbei gehört in die italienische, französische und griechische Küche. Er schmeckt sehr delikat in herzhaften Speisen, Fischgerichten, aber auch für süße Gerichte kann er eingesetzt werden.

Hinweis: Salbei kann bei anfälligen Menschen allergische Reaktionen verursachen.

Sauerampfer

Rumex acetosa

Beschreibung

Der winterharte Sauerampfer kann bis zu 100cm hoch werden.
Die Stängel sind kantig und hohl, die Blätter pfeilförmig.
Die grünen Blüten bilden einen rispenartigen Blütenstand.
Der Blutampfer ist eine Ampfer-Art mit roten Blättern.

Ansprüche

Der Standort des Sauerampfers ist sonnig bis halbschattig und
die Pflanze liebt einen nährstoffreichen und leicht feuchten
Boden. Wenn der Sauerampfer nach der Blüte zurückgeschnitten
wird, treiben wieder zarte Blätter nach.

Verwendung

Verwenden Sie nur die jungen, frischen Blätter. Sauerampfer
eignet sich nicht zum Trocknen, da er schnell an Aroma verliert.
Die säuerlich schmeckenden Blätter finden Verwendung in
Kräuterquark und -butter, Salate, Suppen und für die
Frankfurter Grüne Soße.

Hinweis: Größere Mengen roher Sauerampferblätter sollten
aufgrund ihres Oxalsäuregehaltes vor allem von Kindern nicht
verzehrt werden. Bei Nierenleiden ist auf Sauerampfer
zu verzichten.

Ysop
Hyssopus officinalis

Beschreibung

Der winterharte Ysop wird bis zu 50 cm hoch. Seine Blätter sind schmal lanzettlich und die blauen Blüten wachsen in schlanken Scheinähren. Es gibt auch Sorten mit weißen oder rosa farbigen Blüten.

Ansprüche

Ysop braucht einen sonnigen Standort mit durchlässigem Boden. Nach der Blüte wird die Pflanze zurückgeschnitten, damit sie erneut austreibt.

Verwendung

Die Blätter und Blüten des Ysop können den ganzen Sommer über frisch verwendet werden. Zum Trocknen ernten Sie vor der Blüte. Das Aroma der Blätter erinnert an eine Mischung aus Salbei und Minze. Ysop kann für die Zubereitung verschiedenster Fleischgerichte genutzt werden. Sehr fein schmeckt er an Erbsen- und Bohnengemüse, sowie in Kräuteressigen.

Schnittlauch
Allium schoenoprasum

Beschreibung

Der winterharte Schnittlauch wird bis zu 30 cm hoch und wächst
in dichten Horsten. Die röhrenförmigen Blätter schmecken sehr
intensiv. Der kugelige, bläulich-rosarote Blütenstand
ist eine Scheindolde.

Ansprüche

Von sonnig bis halbschattig wächst Schnittlauch auf allen leicht
feuchten Böden. Im Garten fördert eine gelegentliche Gabe an
Kompost oder Dünger die Entwicklung der Pflanze. Die Blüten
sind zwar essbar, Schnittlauch sollte aber trotzdem zurückgeschnitten werden, da die Stängel, die die Blüten tragen, hart
und nicht genießbar sind. Nach dem Rückschnitt treibt er wieder
durch und kommt auch noch ein zweites Mal zur Blüte.

Verwendung

Schnittlauch lässt sich besser einfrieren als trocknen. Die
Röhrchen können den ganzen Sommer über geerntet werden.
Schnittlauch wird nicht mit gekocht, sondern erst kurz vor dem
Servieren frisch geschnitten hinzugeben, da er sonst an Aroma
verliert und es sogar nicht mehr wohlschmeckend verändern
kann. Schnittlauch eignet sich für Suppen, Soßen, Kräuterquark
und -butter, Frankfurter Grüne Soße und seine wunderschönen
essbaren Blüten verzieren jede Speise.

Schnittknoblauch
Allium tuberosum

Beschreibung

Schnittknoblauch steht dem Schnittlauch sehr nahe, zeichnet sich aber durch ein Knoblaucharoma aus. Die flachen Blätter wachsen, wie Schnittlauch büschelartig. Der winterharte Schnittknoblauch bildet weiße Blüten.

Ansprüche

Schnittknoblauch wächst an sonnigen bis halbschattigen Standorten mit nährstoffreichem, leicht feuchtem Boden. Schneiden Sie Schnittknoblauch nach der Blüte zurück, damit er wieder neu austreiben kann.

Verwendung

Die Pflanze wird wie Schnittlauch verwendet und kann auch sehr gut eingefroren werden. Vor allem in der asiatischen Küche spielt er eine wichtige Rolle. Die weißen, essbaren Blüten streut man am besten einfach über einen Salat oder nutzt sie als Garnierung auf dem Teller.

Thymian
Thymus vulgaris

Beschreibung

Die Stängel des winterharten Zwergstrauchs, der bis zu 40cm
hoch wird, verholzen am Grund. Die kleinen Blätter sind
gegenständig und auf der Unterseite behaart. Die rosa oder
weißen Blüten bilden mit ihren Scheinquirlen einen
ährigen Blütenstand.

Ansprüche

Thymian bevorzugt einen sonnigen Standort und der Boden
muss trocken und mager sein. Ein Rückschnitt nach der Blüte
führt zu einem schönen Neuaustrieb und je nach Witterung
kommt die Pflanze erneut zum blühen.

Verwendung

Die frischen Blätter können das ganze Jahr über geerntet
werden. Zum Trocknen wird vor der Blüte geerntet. Getrockneter
Thymian soll mehr Würzkraft besitzen als frischer, deshalb
sparsam dosieren. Thymian findet Verwendung in der
italienischen, französischen, spanischen, mexikanischen und
lateinamerikanischen Küche. Er ist ein sehr gutes Allround-
gewürz für Fleisch- und Nudelgerichte, Soßen,
Tee und Kräuterbutter.

Zitronenthymian
Thymus citriodorus

Beschreibung

Von Zitronenthymian gibt es Sorten mit grünen, silbernen, gelblichen oder sogar panaschierten Blättern. Sie haben alle, wie der Name schon, sagt einen zitronenartigen Duft. Die Blätter sind etwas rundlicher als beim gewöhnlichen Thymian. Die Blütenfarben variieren von weiß über rosa bis violett.

Ansprüche

Zitronenthymian stellt die gleichen Ansrüche, wie herkömmlicher Thymian und wird auch gleich gepflegt.

Verwendung

Sie können ihn genau gleich verwenden wie den herkömmlichen Thymian, er gibt dem ganzen Gericht eine frische Zitronennote. Zitronenthymiantee hat einen ausgezeichneten Geschmack. Für die Zubereitung von Süßspeisen dosieren Sie den Zitronenthymian bitte vorsichtig.

Waldmeister
Galium odoratum

Beschreibung

Der winterharte bis zu 15 cm hoch werdende Waldmeister besitzt weiße Sternblüten, die über Blattquirlen stehen. Er breitet sich am zusagenden Standort mit unterirdischen Ausläufern aus. Es muss deshalb darauf geachtet werden, dass die Pflanze im Garten nicht zu sehr wuchert.

Ansprüche

Waldmeister liebt halbschattige bis schattige und leicht saure Waldböden. Im Garten wird er unter Bäume oder Hecken gepflanzt.

Verwendung

Frischen Waldmeister können Sie von März bis Ende Mai verwenden. Er kann mit und ohne Blüten zubereitet werden, da der Gehalt des Pflanzeninhaltsstoffs Cumarin sich dadurch nicht verändert. Nach der Blüte werden die Stängel sehr hart und sind nicht mehr zart genug für die Verwendung in der Küche. Waldmeister eignet sich zudem sehr gut zum Trocknen. Er wird verwendet für die klassische Waldmeisterbowle, Limonade, Eis, Süßspeisen und Gelee.

Zitronenblatt, Makrut oder Kaffirlimette
Citrus hystrix

Beschreibung

Diese Zitrusart kann bis zu 120cm groß werden und muss bei ca. 15°C überwintert werden. An den Zweigen sitzen Dornen und die Blattstiele sind sehr stark verbreitet. Auf den ersten Blick sieht dies so aus, wie wenn zwei Blätter miteinander verwachsen sind. Die Blätter sind ledrig, glänzend und mit einer Wachsschicht überzogen. Das Zitronenblatt blüht mit kleinen weißen Blüten.

Ansprüche

Das Zitronenblatt wächst sehr langsam und liebt einen sonnigen Standort mit durchlässigem Boden. Achten Sie deshalb darauf, dass es nicht zu Staunässe kommt. Am besten wird deshalb eine Drainageschicht aus Blähton oder Tonscherben am Grund des Topfs angelegt und für das Eintopfen der Pflanze spezielle Zitruserde verwendet.

Verwendung

Da die Pflanze im Zimmer überwintert werden muss, können die Blätter, die man einfach mitkocht, das ganze Jahr über frisch geerntet werden. Sie zeichnen sich durch einen starken Geschmack nach Zitrone mit einer leichten Pfirsichnote aus. Das Zitronenblatt wird überwiegend in der asiatischen Küche verwendet und es eignet sich zudem sehr gut für Marinaden.

Zitronenmelisse
Melissa officinalis

Beschreibung

Zitronenmelisse ist eine winterharte Staude, die bis zu 100 cm hoch wird. Die Stängel sind vierkantig und reich verzweigt, die Blätter sind gegenständig, gestielt, eiförmig, kerbig-gesägt und schwach behaart. Die weißen bis leicht bläulichen Blüten sitzen zu mehreren in den Blattachseln der Stängel.

Ansprüche

Sie wächst an einem sonnig bis halbschattigen, windgeschützten Standort und der Boden sollte nährstoffreich und nicht zu trocken sein.

Unser Tipp: Melisse neigt wie Minze zum Wuchern im Garten. Daher sollte für sie ein geeigneter Standort gewählt werden oder die Pflanze sollte in einem Topf, bei dem der Boden entfernt wird, in den Garten gepflanzt werden.

Verwendung

Die jungen Blätter können laufend geerntet werden. Zum Trocknen schneiden Sie die Stängel kurz vor der Blüte handbreit über dem Boden ab. Danach werden die Blätter von den Stängeln abgestreift und auf einem Tuch zum Trocken ausgebreitet. Die ganzen getrockneten Blätter werden in einer verschlossenen Dose oder in einem Leinenbeutel aufbewahrt. So behalten sie am besten ihr Aroma.

*Die frischen Blätter werden wegen des raschen Aromaverlustes
beim Erhitzen nicht
mitgekocht und erst kurz vor dem Servieren zugegeben. Melisse
eignet sich hervorragend für kalte Speisen, Desserts, Getränke
und als Teepflanze.*

Zitronenstrauch

Zitronengras
Cymbopogon citratus

Beschreibung

Das einkeimblättrige Zitronengras gehört zu den Süßgräsern. Aus dem verdickten Schafft wachsen lange Blätter. Zitronengras, das bis zu 100cm hoch werden kann, muss bei ca. 10°C überwintert werden.

Ansprüche

Da das Zitronengras in unseren Breiten nicht winterhart ist, kann es erst ab Mitte Mai an einen sonnigen Standort im Freien gestellt werden. Im Oktober kommt die Pflanze ins Haus und wird im Treppenhaus oder in einem unbeheizten Zimmer überwintert. Im Winter wird die Pflanze nur mäßig gegossen und im Sommer darf sie zwar nicht komplett austrocknen, aber es darf sich auch keine Staunässe bilden. Zitronengras bildet seitlich immer wieder neue Triebe.

Unser Tipp: Achten Sie beim Ernten darauf, dass immer zwei Stängel stehen bleiben, so hat die Pflanze genügend Kraft um wieder neue Triebe zu bilden.

Verwendung

Da Zitronengras im Zimmer überwintert werden muss, können frische Stängel und Blätter das ganze Jahr geerntet werden. Die Stängel können aber auch getrocknet werden. Im unteren Teil des Stängels ist der Zitronengehalt am höchsten, die Blätter sind nicht so intensiv im Aroma, aber für eine Tasse Tee sehr wohlschmeckend. Kochen Sie die ganzen Stängel mit. Zitronengras findet Verwendung in der asiatischen Küche.

Zitronenstrauch oder Zitronenverbene
Aloysia citriodora

Beschreibung

Der bis ca. minus 5°C winterharte Strauch kann bis zu 2m hoch werden. Die Blätter stehen zu dritt um den Stängel. Seine ährigen Blütenstände können bis zu 25cm lang werden.

Unser Tipp: Am besten in einen Topf pflanzen (Kübelpflanze) und im Winter im kühlen, hellen Raum bei ca. 0-10°C überwintern. Im Winter wirft die Pflanze ihre Blätter ab, dann nur sparsam gießen.

Ansprüche

Ein sonniger, geschützter Standort und ein gut durchlässiger Boden sind für die Pflanze ideal. Wenn sie nach der Blüte etwas zurückgeschnitten werden, treiben wieder junge zarte Blätter nach. Wenn Sie den Zitronenstrauch im Garten auspflanzen, müssen Sie einen geschützten Standort wählen und die Pflanze im Winter mit Tannenzweigen abdecken.

Verwendung

Die frischen Blätter können den ganzen Sommer geerntet werden, will man sie trocknen, wird vor der Blüte geerntet. Zitronenstrauch eignet sich hervorragend für Tee, gekühlte Getränke, Desserts, Fischgerichte und für Duftsäckchen.

Begriffserklärungen für Kräuterbeschreibungen

Blüten

Ähre

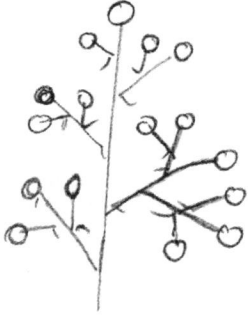

Rispe

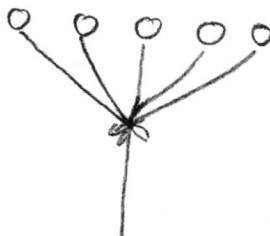

Blütendolde

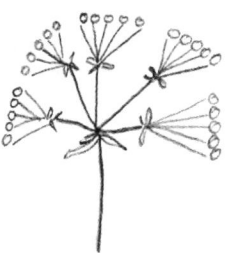

Doppeldolden

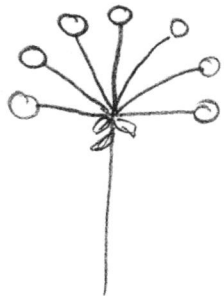

Schirmförmiger
Dolden

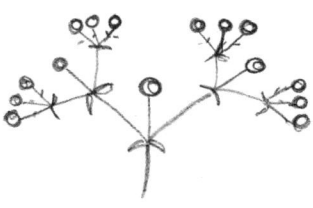

Scheindolde

Scheinähre

Scheinquirle

Sternblüte

Blätter-Formen

länglich

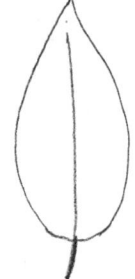

lanzettlich

spatelförmig

nadelförmig

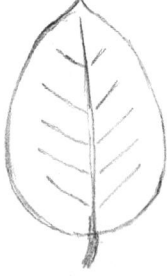

eiförmig - elliptisch

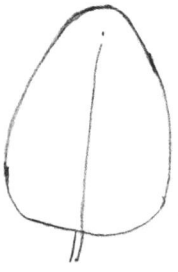

eiförmig

pfeilförmig

elliptisch

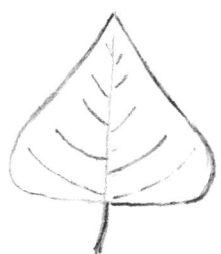

dreieckig

rautenförmig

Blätter-Stellungen

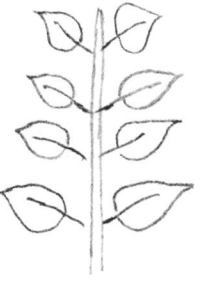

gegenständig

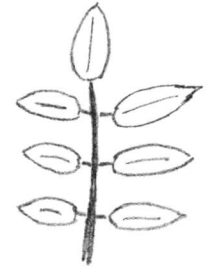

einfach gefiedert

doppelt gefiedert

mehrfach gefiedert

dreigeteilt gefiedert

zwei- bis dreifach gefiedert

Blätter-Rand

gezahnt

kerbig gesägt

Blätter-Wuchs

rossettenartig

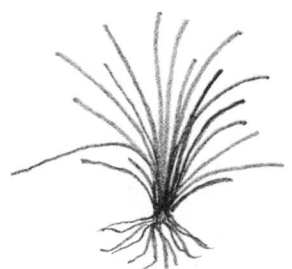

dichter Horst

Der Einkaufstipp

Die Insel Reichenau im Bodensee ist ein Eldorado für Kräuterliebhaber. Dort erhalten Sie bei Böhler- Gemüse und Pflanzen eine große Vielfalt an Kräuterpflanzen im Topf. Der Familienbetrieb bietet neben dem Hofladen mit frischem Obst und Gemüse aus eigener Produktion auf über 2000 m² eine große Auswahl an verschiedenen Pflanzen. Im Kräuterhaus können Sie sich aus über 220 verschiedensten Topfkräutern Ihren eigenen Kräutergarten zusammenstellen. Weitere Infos finden Sie auf www.gemuese-boehler.de

Kräutersortimentsliste von Böhler - Gemüse und Pflanzen

Knoblauch, Zwiebel und Lauch

Bärlauch	Allium ursinum
Etagenzwiebel, Ewige Zwiebel	Allium cepa var. viviparum
Knobi-Flirt	Tulbaghia violaceae `Variegate`
Knoblauch	Allium sativum
Schnittknoblauch	Allium tuberosum
Schnittlauch	Allium schoenoprassum
Winterhecke	Allium fistulosum
Zimmerknoblauch	Tulbaghia violaceae

Basilikum	
Basilikum `Genoveser`	Ocimum basilicum
Basilikum `Magic Blue`	Ocimum basilicum
Basilikum `Magic White`	Ocimum basilicum
Bäumchen-Basilikum	Ocimum basilicum var. minimum
Heiliges Basilikum	Ocimum tenuiflorum
Kleinblättriges Basilikum	Ocimum basilicum
Rotes Basilikum	Ocimum basilicum
Rotes Buschbasilikum	Ocimum basilicum
Thai-Basilikum	Ocimum sp.
Zimtbasilikum	Ocimum basilicum
Zitronenbasilikum	Ocimum basilicum var. citriodorum
Zypernbasilikum	Ocimum sp.

Duftpflanzen	
Cola-Strauch	Artemisia maritima
Duftgeranien	Pelargonium sp.
Duftveilchen `Königin Charlotte`	Viola odorata
Duftveilchen `Rebecca`	Viola pubescens
Federnelke	Dianthus plumarius
Marienblatt, Kaugummipflanze	Chrysanthemum balsamita
Nachtkerze	Oenothera odorata
Nachtviole	Hesperis matronalis
Schoko-Cosmea	Cosmos atrosanguineus
Schokoladenblume	Berlandiera lyriata
Sternbalsam	Zaluzianskya capensis

145

Vanilleblume, weißblühend	Heliotropium arborescens
Wunderblume	Mirabilis jalapa

Einjährige

Borretsch	Borago officinalis
Brunnenkresse	Nasturtium microphyllum
Dill	Anethum graveolens
Kerbel	Anthriscus cerefolium
Koriander	Coriandrum sativum
Majoran	Origanum majorana
Speisechrysantheme	Chrysanthemum coronarium

Heilpflanzen

Alant	Inula helenium
Angelika	Angelica archangelica
Arnika	Arnica chamissonis
Baldrian	Valeriana officinalis
Beinwell	Symphytum officinale
Cistrose	Cistus incanus
Eisenkraut	Verbena officinalis
Ginko	Ginkgo biloba
Goldmutterkraut	Chrysanthemum parthenium
Herzgespann	Leonurus cardiaca
Jiaogulan	Gynostemma pentaphyllum
Johanniskraut	Hypericum perforatum

Katzenschwanzpflanzen	Bulbine frutescens
Mönchspfeffer	Vitus agnus-castus
Ringelblume	Calendula officinalis
Rizinus rot	Ricinus communis
Römische Kamille	Chamaemelum nobile
Schisandra	Schisandra chinensis
Schlüsselblume	Primula veris
Schöllkraut	Chelidonium majus
Spanisches Süßholz	Glycyrrhiza glabra
Spitzwegerich	Plantago-lanceolata

Lavendel

Kanarischer Lavendel	Lavandula pinnata
L. dunkelblau, 30cm hoch	Lavandula `Hidcote Blue`
Lavendel `Munstead`	Lavandula `Munstead`
Lavendel rosablühend	Lavandula angustifolia
Lavendel weißblühend	Lavandula angustifolia
Schopflavendel	Lavandula stoechas
Zahnlavendel	Lavandula dentata

Melisse

Aprikossen-Melisse	Agastache aurantiaca
Goldmelisse, Monarde	Monarda didyma
Purpurmelisse	Agastache mexicana
Rosenmelisse	Monarda fistulosa
Zitronenmelisse	Melissa officinalis

Zitronenmonarde	Monarda citriodora
Minze	
Ananasminze	Mentha suaveolens
Apfelminze	Mentha rotundifolia
Eau-de-Cologne-Minze	Menta sp.
Englische Minze	Mentha piperita
Grüne Minze, Spearmint	Mentha spicata
Hängeminze `Indian Mint`	Satureja douglasii
Ingwerminze	Mentha x gracilis `Variegata`
Katzenminze	Nepeta faassenii
Katzenminze Zitrone	Nepeta faassenii citriodorus
Krause Minze	Mentha spicata `Crispa`
Marokkanische Minze	Mentha spicata `Maroccan`
Orangenminze	Mentha gracilis
Poleiminze	Mentha pulegium
Schokominze	Mentha sp.
Schweizerminze	Mentha sp.
Thai-Minze	Mentha sp.
Türkische Minze, Nana-Minze	Mentha spicata crispa
Zitronenminze	Mentha piperita `Citrata`
Oregano/Majoran	
Goldmajoran	Origanum vulgare variegatum
Griechischer Oregano	Origanum heracleoticum
Hopfen-Oregano	Origanum sp.

Majoran ausdauernd	Origanum majoricum
Majoran einjährig	Origanum majorana
Oregano	Origanum vulgare
Pfeffriger Oregano	Origanum sp.

Rosmarin

Rosmarin	Rosmarinus officinalis
Rosmarin `Blue Winter`	Rosmarinus officinalis
Rosmarin hängend	Rosmarinus officinalis

Salbei

Afrikanischer Duftsalbei	Salvia urica
Afrikanischer Räuchersalbei	Salvia repens
Ananassalbei	Salvia rutilans
Buntsalbei	Salvia officinalis `Tricolor`
Dalmatinischer Salbei	Salvia officinalis
Enziansalbei	Salvia leucantha
Enziansalbei großblütig	Salvia patens
Flauschiger Salbei	Salvia officinalis
Fruchtsalbei Hot Lips	Salvia sp.
Goldsalbei	Salvia officinalis `Icertina`
Indianischer Räuchersalbei	Salvia apiana
Johannisbeersalbei	Salvia ovrahamis
Kanarischersalbei	Salvia canariensis
Kardinalsalbei	Salvia fulgens

Mandarinensalbei	Salvia sp.
Muskatellersalbei	Salvia sclarea
Peruanischersalbei	Salvia discolor
Pfirsichsalbei	Salvia x jamensis
Pfirsichsalbei gelb	Salvia x jamensis
Pfirsichsalbei rosa	Salvia x jamensis
Purpursalbei	Salvia officinalis `Purpurascens`
Salbei	Salvia officinalis
Salbei `Berggarten`	Salvia officinalis

Thymian

Feldthymian rotblühend	Thymus serphyllum coccineum
Feldthymian, Quendel	Thymus serphyllum
Kümmel-Thymian	Thymus sp.
Orangen-Thymian	Thymus fragrantissimus
Silberrandthymian	Thymus vulgaris
Thymian	Thymus vulgaris
Zitronenthymian gelb aufrecht	Thymus citriodorus `Mystic Lemon`
Zitronenthymian gelbbunt	Thymus citriodorus `Doone Valley`
Zitronenthymian grün	Thymus citriodorus

Verbenen und Co. ...

Anis-Verbene	Lippia alba
Eisenkraut	Verbena officinalis
Minz-Verbene	Lippia sp.
Moujean-Tee	Nashia inaguensis

Zitronenstrauch	Aloysia citriodora
Mehrjährige winterharte	
Anis	Pimpinella anisum
Beifuß	Artemisia vulgaris
Berg-Bohnenkraut	Satureja hortensis
Blutampfer	Rumex sanguineus
Cola-Strauch	Artemisia maritima
Currykraut	Helichrysum italicum
Currykraut kompakt	Helichrysum italicum
Eberraute	Artemisia abrotanum
Estragon, französischer	Artemisia dracunculus
Gamander	Teuricum chamaedrys
Gewürzfenchel	Foeniculum vulgare
Gewürzfenchel rotblättrig	Foeniculum vulgare var. rubrum
Goji-Beere	Lycium barbarum
Holunder	Sambucus racemosus
Kümmel	Carum carvi
Liebstock, Maggikraut	Levisticum officinalis
Löffelkraut	Cochlearia officinalis
Meerrettich	Armoracia rusticana
Muskatkraut	Achillea decolorans
Olivenkraut	Santolina viridis
Petersilie glatt	Petroselinum crispum var. neapolitanum
Petersilie krauss	Petroselinum crispum
Pimpinelle	Sanguisorba minor
Rosenmeister	Galium rubrum
Rucola	Eruca sativa

Sauerampfer	Rumex acetosa
Schildampfer	Rumex scutatus
Schnittsellerie	Apium graveolens var. secalinum
Schwarze Edelraute ´Chartreuse`	Artemisia sp.
Schwarzwurzel	Scorzonera hispanica
Silber-Strauch-Wermut	Artemisia arborescens
Spargel-Bleich	Asparagus officinalis
Spargel-Grün	Asparagus officinalis
Steinquendel	Calamintha nepeta
Süßdolde, ausdauernder Kerbel	Myrrhis odorata
Topinambur	Helianthus tuberosus
Tripmadam	Sedum reflexum
Vietnamesischer Koriander	Persicana odorata
Wasabi	Wasabia japonica
Waldmeister	Galium odoratum
Weinraute	Ruta graveolens
Wermut	Artemisia absinthum
Winter-Bohnenkraut	Satureja montana
Ysop	Hyssopius officinalis
Zitronen-Bohnenkraut	Satureja montana citriodora

Mehrjährige, warm überwintern

Arabisches Bergkraut	Micromeria fruticosa
Aztekisches Süßkraut	Lippia dulcis
Baumchilli	Capsicum pubescens
Brautmyrte	Myrtus communis
Chinesischer Tee-Jasmin	Jasminum grandiflorum

Curryblatt	Murraya koenigii
Damian	Damiana ulmifolia
Echter Tee	Camellia sinensis
Eiskraut	Aptenia cordifolia
Eukalyptus	Eucalyptus gunnii
Feigenbaum	Ficus carica
Gewürzlorbeer	Laurus nobilis
Gotu Kola	Centella asiatica
Granatapfel	Punica granata var. nana
Gummibärchenblume	Cephalophora aromatica
Hängeminze `Indian Mint`	Satureja douglasii
Ingwer	Zingiber officinalis
Kapernstrauch	Caparis spinosa
Katzengras Cyperus	Cyperus zumula
Olivenbaum	Olea europea
Pepino, Birnenmelone	Solanum muricatum
Perilla	Perilla frutescens
Schraubenbaum, Pandanus	Pandanus latifolius
Stevia, Süßkraut	Stevia rebaudiana
Verpiss-Dich-Pflanze	Coleus canina
Zitronenblatt, Makrut	Citrus hystrix
Zitronengras, ostindisches	Cybopogon flexuosus
Zitronengras, westindisches	Cybopogon citriatus
Zitroneneukalyptus	Eucalyptus citriodora
Wildkräuter	
Breitwegerich	Plantago major

Brennessel	Urtica urens
Echte Kamille	Matricaria reculita
Echte Nelkenwurz	Geum urbanum
Echter Eibisch	Althaea officinalis
Gänseblümchen	Bellis perennis
Gundermann	Glechoma hederaceae
Guter Heinrich	Chenopodium bonus-henricus
Löwenzahn	Taraxacum officinale
Mädesüß	Filipendula ulmaria
Rainfarn	Tanacetum vulgare
Schafgarbe	Achillea millefolium
Spitzwegerich	Plantago lanceolata
Vogelmiere	Stellaria media
Wegwarte	Chichorium intybus

Rosmarin

Eigene Rezeptideen

_____

_____

_____

_____

_____

_____

_____

_____

_____

_____

_____

_____

_____

_____

_____

Eigene Rezeptideen

Eigene Rezeptideen

Eigene Rezeptideen

_____

_____

_____

_____

_____

_____

_____

_____

_____

_____

_____

_____

_____

_____

Eigene Rezeptideen

_____

_____

_____

_____

_____

_____

_____

_____

_____

_____

_____

_____

_____

_____

_____

_____

Verlag SCHNELL
Warendorfer Lieblingsbücher

Impressum

Kräuterküche

Von Apfelminze bis Zitronenstrauch

Silvia Zeiler und Antonia Uricher

Titelbild: Rainer M. Hohnhaus

© Verlag SCHNELL Peter Salmann

Oststraße 24, 48231 Warendorf

Tel. 02581-633232, Fax 634589

E-Mail: schnell-verlag@t-online.de

www.verlag-schnell.de

ISBN 978-3-87716-687-1

Warendorf, September 2011